Chili Concarneau

Cet ouvrage de pure fiction n'a d'autre ambition que de distraire le lecteur. Les événements relatés ainsi que les propos, les sentiments et les comportements des divers protagonistes n'ont aucun lien, ni de près, ni de loin, avec la réalité, et ont été imaginés de toutes pièces pour les besoins de l'intrigue. Toute ressemblance avec des personnes ou des situations existant ou ayant existé serait pure coïncidence.

Stéphane JAFFRÉZIC

Chili Concarneau

Collection

ENQUÊTES & SUSPENSE

Quadri Signe - Editions Alain Bargain
125, Vieille Route de Rosporden - 29000 Quimper
E-mail : editions.alain.bargain@wanadoo.fr
Site Internet : perso.wanadoo.fr/editions.bargain

À tous les miens.

Au commandant Vincent Martin,
avec tous mes remerciements.
Au major Dominique Charbonnier,
et à mon copain Philippe L'Excellent.

I

Dans une semi-conscience, je me dis que je dois ressembler à un bébé. Comme un marmot serrerait contre son petit corps sa peluche préférée, son mouchoir ou que sais-je encore, j'ai refermé ma main sur le réveil après en avoir stoppé le mécanisme et le presse puérilement contre ma poitrine. Près de moi, j'entends la respiration lente et régulière de Murielle et tente d'imaginer sa position. Il me semble qu'elle est allongée sur le ventre, le visage tourné dans ma direction. Je resterais ainsi des heures durant, à l'écouter dormir et à réfléchir. Sur tout, sur rien, uniquement pour le plaisir de savourer le calme de l'instant.

Quand j'ai ouvert les yeux, je me suis relevé sur un coude pour lire l'heure : 6 heures 29. La sonnerie étant programmée pour un quart d'heure plus tard, je l'ai arrêtée. Combien de temps s'est-il écoulé depuis ? Tant qu'à bouger pour le savoir, autant me lever.

Je souffre, le mot est fort, d'un trouble obsessionnel du comportement. Ce n'est pas douloureux, ne nécessite pas de traitement et se manifeste de différentes manières. Ainsi, lorsque je monte ou descends un escalier, je compte les marches ; dans la rue, parfois, je compte mes pas. Ou alors, je vérifie à plusieurs reprises si j'ai bel et bien éteint la télévision ou la lumière et fermé le gaz. Ou encore, j'ouvre une seconde fois ma boîte à lettres après le passage du facteur pour être certain qu'elle est vide. Dans le cas présent, je m'assure pour la troisième ou quatrième fois que le poussoir du réveil est enfoncé. Dans le noir, mes pieds trouvent les chaussons et je sors de la chambre, silencieux comme un chat. Tandis que je m'habille dans la salle de bain, je me félicite de ne pas avoir troublé le sommeil de mon amie.

Alors que j'achève de boutonner ma chemise, le téléphone se met à hurler. Cela n'était pas prévu au programme et je peste intérieurement contre l'imbécile qui appelle si tôt. En une fraction de seconde, je me doute de son identité et, pour le coup, ne lui en veux plus du tout.

— Allô, dis-je d'une voix à peine éveillée.

— Capitaine Moreau ?

— Oui.

— Ici le poste. Un monsieur a vu un corps dans le port. Je viens de prévenir les pompiers.

— Vous avez bien fait. C'est à quel endroit ?

— A la cale aux Voleurs.*

---

*Cette cale tire son nom du temps où les marins écoulaient à cet endroit une partie de leurs prises, à un prix supérieur à celui qu'ils obtenaient sous criée.

— J'arrive.

Je sais que, dans la cuisine, la casserole de café n'attend qu'une allumette pour se mettre à chauffer et répandre le délicat arôme. Mais ce n'est pas pour maintenant. Il y a plus urgent. Ignorant la chambre, alors que je suppose que les deux sonneries ont réveillé Murielle, j'attrape mon blouson et mes chaussures et sors de la maison.

En ce début avril, le jour est à peine levé et je dois allumer mes phares. Les pompiers passent devant moi comme je marque le stop au haut de la rue Saint-Jacques ; tout d'abord un C 25, dans lequel vraisemblablement les hommes revêtent leur tenue de plongée, puis un VSAB (véhicule de secours aux asphyxiés et blessés). Je démarre à leur suite et, tout comme eux, grille le feu au bas de l'avenue de la Gare, à vingt mètres du commissariat. Il en va de même un peu plus loin pour tourner à gauche. La patrouille est déjà sur place. Son gyrophare teinte de bleu le paysage et je trouve cela plutôt agréable à l'œil.

Le VPL (véhicule des plongeurs) s'arrête pour permettre à deux hommes d'en descendre avec leur matériel et poursuit sa route. Je connais leur manière de procéder et sais que le chauffeur va chercher le zodiac au port de plaisance. Le temps de me garer sans risquer de gêner les éventuelles manœuvres à venir, d'éteindre le moteur et de m'extraire de la voiture, ce qui représente une poignée de secondes, et déjà les pompiers ont endossé les bouteilles et chaussé les palmes. Masque et tuba à la main, ils avancent en levant haut les genoux et scrutent la surface.

Le brigadier Vernet et un autre homme s'approchent et désignent un point à une dizaine de mètres du quai. Les plongeurs acquiescent et empruntent la cale. Après avoir craché sur le verre de leur masque et l'avoir rincé, ils se glissent à l'eau.

Attirés par les gyrophares, des badauds arrivent déjà et les agents de la patrouille les maintiennent à distance. De leur côté, les trois pompiers du VSAB préparent une bouteille d'oxygène et un brancard.

— Bonjour, capitaine. Le corps a dû couler…

— Bonjour. C'est Monsieur, le témoin ?

Vernet opine et je me dirige vers l'homme en question : petit, frêle, une barbe inégale sur des joues couperosées, portant des vêtements plus de première fraîcheur, on peut lui donner soixante-dix ans bien qu'il soit certain qu'il ne les a pas.

— Expliquez-moi les circonstances de votre découverte, voulez-vous…

Se sentant subitement important, il redresse les épaules et rejette la tête en arrière.

— Je m'appelle Yves Audrin. Tous les matins, de bonne heure, je fais mon tour sur le quai. Je suis un ancien marin et je connais des gars sur pratiquement tous les bateaux. Alors, quand j'en vois un, il me file une godaille.

Il semble décidé à fournir la version longue. Tout en l'écoutant, j'observe les plongeurs qui nagent vers la zone indiquée. Le bruit d'un moteur grossit et le zodiac arrive en provenance du chenal. Piloté de main de maître, la rapide embarcation rejoint le périmètre des plongeurs en un temps record.

— D'un seul coup, qu'est-ce que je vois : un noyé ! Je me dis : « merde, c'est pas vrai ! » et je m'avance. Juste, je le vois couler. J'ai regardé autour de moi, mais y avait personne. Et moi, je sais pas nager, autrement j'aurais sauté l'aider. Je regarde à nouveau, et tiens, y avait plus rien ! Il était plus là ! Alors, je suis parti en courant jusqu'à chez les flics, enfin... jusqu'à chez vous, quoi. Et voilà.

Le brigadier Vernet m'adresse discrètement un geste sans équivoque quant à l'intérêt qu'il apporte à ce témoignage. Je ne suis pas loin de partager son sentiment mais préfère attendre la fin des recherches.

— Ne vous éloignez pas, monsieur Audrin. J'aurai peut-être encore besoin de vous.

J'ignore si ce qu'il raconte est vrai ou non mais, dans le doute, je photographie mentalement les lieux, les faits et gestes de chacun.

Par expérience, je connais l'importance de ces premiers relevés. Je n'aperçois nulle trace de gleure*, nulle pellicule de gas-oil sur le sol mouillé. A

*Appellation concarnoise du mucus, la substance visqueuse et glissante sécrétée par les tissus muqueux des poissons.

supposer qu'il y ait effectivement une victime, rien n'explique une éventuelle glissade. J'en viens ensuite à penser à un suicide mais note l'absence de véhicule à proximité immédiate du quai m'étonne. Au cours de ma carrière, j'ai enquêté en de nombreuses occasions sur des décès suspects, avant que l'autopsie ou un quelconque élément ne prouve le suicide et autorise à classer l'affaire. A chaque fois, il est apparu que l'individu, lorsqu'il n'a pas commis son acte dans son habitation, avait agi au plus simple. Jamais, ou en tout cas très rarement, il n'avait parcouru une longue distance à pied avant le passage à l'acte. Il y a, certes, une dizaine de voitures sur le parking de l'Office du Tourisme, mais je serais surpris que l'une d'entre elles appartienne à la victime, car les places les plus proches du quai sont disponibles. Mais la psychologie d'un individu se préparant à en terminer avec la vie est tellement étrange... De plus, il ou elle a très bien pu se jeter à l'eau à l'autre bout du port et être amené ici par le courant.

Le pilote du zodiac observe la surface tandis que ses collègues examinent le fond. Ils ont agrandi le cercle de leur exploration et un bouillonnement atteste de leurs déplacements. Il fait maintenant totalement jour et l'atmosphère en devient moins oppressante. Au fond de moi, j'accorde de moins en moins de crédit au témoignage de l'ancien marin. L'idée d'un canular ou d'une hallucination a fait son chemin dans l'esprit de bon nombre de curieux. Surprenant des sourires en coin et des rires moqueurs, Audrin entre soudainement en colère et prend à témoin la foule de plus en plus nombreuse :

— J'vous dis qu'j'l'ai vu ! Vous savez bien que j'suis pas fou ! C'est quand même terrible, ça ! Où il est passé, nom de Dieu ?

Juste à ce moment, soutenant effectivement un corps, les hommes-grenouilles crèvent la surface du port et nagent rapidement vers la cale. Sur le quai, l'équipe du VSAB se tient prête : ça va être à elle de jouer. La foule, comme un seul homme, s'est avancée et a gagné plusieurs mètres. Vernet et les agents ont bien tenté d'endiguer cette progression mais n'ont pu résister à la formidable poussée.

Parvenus à la cale, les plongeurs marchent à reculons en tirant le noyé puis le confient à l'équipe du VSAB. Conscients de l'importance de chaque seconde, ceux-ci courent l'allonger sur le quai. Ignorant le temps d'immersion mais partant du principe que la circulation sanguine ralentit dans l'eau fraîche, ils s'empressent. Un pompier prend le pouls de la victime à la carotide alors qu'un second, équipé d'une paire de ciseaux, coupe le pull-over et le tee-shirt dans le sens de la longueur.

D'un regard, ils se sont compris : le cœur ne bat plus, ils vont choquer la victime. Le courant électrique et l'eau ne faisant pas bon ménage, le troisième intervient pour sécher le corps avec un drap avant la pose des patchs.

Pendant qu'ils s'affairent, j'attrape dans ma poche l'appareil photo que j'ai pris soin d'apporter et que je laisse en permanence dans la boîte à gants de ma voiture. Je tiens cette habitude d'un prof que j'ai eu à l'École Nationale Supérieure des Inspecteurs de Police. C'était un vieux de la vieille, ce prof, il avait du métier et faisait profiter les jeunes recrues de sa grande expérience. En dehors des cours, il prodiguait des conseils qui, j'ai pu le constater par la suite, se sont révélés efficaces et pleins de bon sens. Exemple, l'appareil photo. Hormis la caméra, il n'existe rien de mieux qu'une série de clichés pour rendre compte d'une situation. S'il m'arrive d'oublier un détail, anodin en début d'enquête mais finalement primordial pour coincer le coupable d'un méfait, il me suffit de consulter les épreuves, éventuellement de les faire agrandir.

Je suis occupé à photographier le port, le zodiac et les plongeurs qui regagnent le port de plaisance, leur devoir terminé, quand Vernet me hèle. Il semble paniqué et son air ne me dit rien qui vaille.

— Regardez, capitaine !

Un pompier a soulevé le buste du noyé dans le but de lui assécher le dos et on voit alors sous l'omoplate droite un trou d'environ un centimètre de diamètre, d'où du sang s'est échappé. Je vais pour effleurer la blessure quand le chef de l'équipe de réanimation, un sergent, m'apostrophe :

— On verra ça plus tard. Le DSA (défibrillateur semi-automatique) d'abord.

Ils rallongent le corps et le sous-officier pose deux patchs reliés au DSA, l'un à droite en haut de la poitrine, l'autre sous le cœur. Dans l'immédiat, je n'ai d'autre choix que de les laisser tout tenter pour ramener à la vie le malheureux. Perplexe, je m'éloigne pour réfléchir. En découvrant la blessure, j'ai compris à son aspect qu'elle a été causée peu avant le contact avec l'eau salée. Je tire donc une conclusion élémentaire : je suis confronté à un meurtre. A l'aide de mon portable, j'appelle le bureau du procureur.

II

Le cerveau à plein régime, je dresse mentalement la liste des choses prévues pour aujourd'hui et en barre certaines qui peuvent ou devront attendre. C'est bien ma veine, ça ! Il a fallu que je sois de permanence la nuit où ce quidam passe l'arme à gauche. En compagnie des pompiers, j'attends l'arrivée du médecin que j'ai fait prévenir et des pompes funèbres. Le corps a été déposé dans une housse mortuaire et il ne manque que la constatation officielle du décès pour tirer la fermeture éclair.

Le noyé n'a pas de papiers d'identité sur lui. Du reste, il est en pull. Pourquoi ? Par la relative fraîcheur de ces nuits d'avril, il ne viendrait à personne l'idée de sortir sans blouson ou manteau. Au début, j'ai supposé que le coup a été porté ailleurs, dans un endroit chauffé ou pour le moins abrité, et que l'on a voulu faire disparaître le cadavre en le jetant à l'eau. Mais une petite mare de sang pas encore séché a attiré mon attention, invalidant cette possibilité. Enfin, il est prématuré d'affirmer que ce sang provient du noyé mais, pour vérifier cette hypothèse, j'ai demandé l'intervention d'un technicien de la police technique et scientifique.

Celui-ci a mis vingt minutes, pas une de plus, pour venir de Quimper. L'air blasé, sans s'occuper de ce qui l'entoure, il a trempé de petits bâtonnets dans le sang et les a placés dans un sac plastique. Puis il a scellé le sac avec de la cire et me l'a remis. Pendant ce temps, j'ai examiné la dépouille et j'ai remarqué des traces suspectes au niveau du cou. Mes connaissances médicales, très limitées il est vrai, me permettent néanmoins de considérer comme acquit que l'homme était mort avant sa culbute dans le grand bain.

Sa sacoche à la main, le docteur Jézéquel se fraye un chemin dans la foule encore nombreuse. Il me reconnaît et m'adresse un petit signe de la main avant de se mettre à la tâche.

Retenus à une quinzaine de mètres par les agents en uniforme, les badauds murmurent leurs impressions et je les vois tenter d'apercevoir le visage du malheureux. Bien qu'accoutumé à cette forme d'indécence, je sens une certaine tension monter en moi et suis à deux doigts d'ordonner à Vernet de les faire reculer quand des cris font diversion et amènent le silence.

— Marco… Marco… Marc…

Derrière moi, par conséquent face à la foule, sont amarrés deux vieux gréements, en attente de leur première sortie printanière. Un homme vient de surgir sur l'un deux et regarde, stupéfait, les gyrophares, les véhicules de secours et la meute de curieux. Il semble entrevoir la cause de ce rassemblement, enjambe la lice et grimpe nerveusement trois barreaux à l'échelle rouillée du quai.

Dans sa précipitation, il rate un barreau et il s'en faut de peu qu'il ne se retrouve dans l'eau deux mètres plus bas. La bouche ouverte, les lèvres tremblantes, il s'approche mi-marchant, mi-courant. Vernet va pour l'en empêcher quand je le retiens par le bras.

La soixantaine, le cheveu rare sur un visage long aux traits fins, l'inconnu porte une veste en tweed et a une écharpe nouée autour du cou.

Plus rien ni personne n'existe pour lui, excepté la housse sur laquelle ses yeux sont braqués. Il ralentit son allure en discernant le profil familier et exécute les derniers mètres à petits pas. Lentement, il s'agenouille près du médecin, caresse une joue du noyé, arrange une mèche de cheveux et ses larmes se mettent à couler.

Son examen terminé, Jézéquel hésite un instant avant de se relever. Après un regard pour le proche de la victime, il le fait enfin et vient dans ma direction.

— Bonjour, Docteur. Alors ?

L'homme de l'art soupire avant de répondre.

— La blessure dans le dos, bien que sérieuse, n'a pas causé la mort. En revanche, je penche pour la strangulation. Vous l'avez trouvé dans le port ?

— Oui. Selon vous, à quand remonte le décès ?

— Pour l'instant, impossible de le dire avec précision. La rigidité cadavérique ne s'est pas opérée, mais il n'y a à cela rien d'étonnant du fait de l'immersion. J'imagine que vous souhaitez une autopsie.

— Bien sûr ! Vers quelle heure les résultats ?

— Aucune idée ! Demandez cela à Valmont, le légiste de Quimper. Appelez-le vers dix-sept heures. Je l'avertirai de votre coup de fil et lui transmettrai mes constatations.

— Merci, Docteur.

Il tourne les talons et je reporte mon attention vers le proche du noyé.

Le sergent des pompiers l'a pris en charge et lui prodigue des paroles réconfortantes... Pendant ce temps, ses collègues ont refermé la housse mortuaire et un fourgon des pompes funèbres effectue une marche arrière. Comme pour signifier que le spectacle est terminé, une mouette lâche son cri strident et la foule repue s'éparpille par petits groupes.

— C'est “Vieux Pierrot”, me glisse Vernet. Ce sont des clochards.

— Je les trouve bien habillés pour des clochards !

— Quand je dis clochards, j'entends par là qu'ils n'ont pas de domicile fixe ni de profession. Disons qu'ils vivent en marge de la société. Ils traînent par ici depuis peu.

— Il y en a un qui aura un domicile fixe maintenant…

Le docteur Jézéquel discute un moment avec les employés des pompes funèbres puis repart vers sa voiture. Les pompiers, leur matériel rangé, s'apprêtent à rejoindre le centre de secours. Les mains le long du corps, “Vieux Pierrot” n'esquisse le moindre mouvement. Si ce n'étaient ses paupières qui s'ouvrent et se referment à intervalles réguliers, on le croirait statufié.

Je suis tout à coup pris de pitié pour le pauvre homme qui, je le sens, ne peut compter sur personne pour soulager sa peine.

— Occupez-vous de monsieur Audrin, dis-je à Vernet. Amenez-le au poste et donnez-lui un coup de remontant. J'enregistrerai son témoignage dès que possible.

Je respire à pleins poumons et marche vers le clochard. Celui-ci ne me voit pas approcher et c'est le contact de ma main sur la sienne qui le fait réagir et sortir de sa torpeur. Sachant que je ne dois pas le brusquer, j'adopte ce qui me semble être un regard compréhensif et une voix douce.

— Sincères condoléances, Vieux Pierrot. Je m'appelle Maxime Moreau et je suis officier de police judiciaire.

J'attends que ces quelques mots se frayent un chemin dans son esprit avant de poursuivre.

— Voulez-vous m'accompagner ? Vous me parlerez de Marc.

Vieux Pierrot plante ses yeux vides de toute expression dans les miens et branle du chef. Je redoutais sa réaction en découvrant que je connaissais son surnom, mais il n'en fait pas cas. Tout en y mettant de la chaleur, mais pas trop non plus, je le prends doucement par le bras et nous traversons l'espace réservé aux cars des liaisons intercommunales pour gagner le commissariat.

Après avoir répondu au bonjour de l'adjoint de sécurité chargé de l'accueil et du standard téléphonique, je lui demande, dans un premier temps, de nous faire parvenir du café et des croissants et, dans un second, de déplacer ma voiture. L'emploi-jeune, nouvellement embauché, accepte avec empressement tandis que nous nous dirigeons vers l'escalier. Nous progressons lentement, ce qui me donne tout loisir pour me livrer à mon passe-temps favori : le comptage des marches. Moi-même ne saurais expliquer ce qui me pousse à le faire, alors qu'en l'occurrence je connais d'avance le résultat.

J'essaye parfois de résister à ce TOC, me traitant de dingo, mais finis par craquer et ne peux m'en empêcher. Il m'est même arrivé, en gravissant un escalier et en me forçant à ne pas compter, de céder à la tentation et de faire demi-tour pour satisfaire mon envie, à la grande surprise de certains. Il m'a alors fallu inventer un prétexte, sous peine de passer pour le cinglé de service.

En entrant dans mon bureau, je dépose le sac contenant les bâtonnets sur le meuble bas placé sous un plan mural de la ville. Puis je m'assois et propose la chaise me faisant face au semi-clochard. Je pioche une cigarette dans mon paquet, l'allume à la flamme du briquet que m'a offert Murielle pour mon anniversaire, et tends le tout à Vieux Pierrot. Je suis tellement persuadé que mon visiteur va s'en saisir que j'en reste baba quand il me répond d'une voix claire :

— Non, jamais à jeun.

La cigarette aux lèvres, je me fais l'effet d'un imbécile. Je prends le parti d'en écraser l'extrémité consumée et dis :

— Vous avez raison. Elle n'en sera que meilleure plus tard.

Pour la seconde fois de la matinée, je téléphone au procureur qui donne son aval pour l'expertise des bâtonnets. Ces tracasseries administratives réglées, je me tourne vers Vieux Pierrot. Il m'impressionne, le bonhomme. En dépit de l'épreuve qu'il traverse, il dégage un sentiment de force tranquille, d'intelligence et de sagesse. Il se tient droit, la tête haute, dans une position digne, aristocratique même, et je remarque seulement à cet instant la beauté de son visage. Plus jeune, il devait ramasser les filles à la pelle. Il porte une moustache bien taillée et, contrairement à ce que l'on imagine d'un clochard, ses vêtements ne sont ni sales ni élimés. Il y a plutôt une certaine recherche dans l'assortiment des tons, le col de la veste rappelant le pantalon de velours beige. Comme toujours avec ce genre d'hommes je suis tenté de l'interroger sur ce qui a pu le pousser à mener cette existence, mais mon petit doigt me souffle que j'essuierais une rebuffade. Pour me donner une contenance, je range quelques feuillets et l'observe à la dérobée. Il ne semble pas intimidé par les lieux et encore moins par moi. Il vient de perdre un proche et éprouve une tristesse toute naturelle mais sans en rajouter. D'autres, dans ces circonstances, se mettraient à pleurer, à pleurnicher sur leur sort ou à gémir. Pas lui, ce qui amène à penser qu'il a vécu des moments bien plus pénibles. Il connaît la vie, la mort aussi, sait ce que j'attends de lui et se prépare à livrer son témoignage.

— Selon vous, que s'est-il passé ?

— Je ne sais pas. A vous de le découvrir.

Il a médité sa réponse, le bougre. Son regard est maintenant lucide et je le suppose redoutablement intelligent et difficile à manœuvrer. Avec élégance, il croise les jambes, chasse une invisible poussière puis me fixe de ses yeux gris-vert. Tout son être irradie une certaine classe et je suis de plus en plus mal à l'aise. Ceci n'est pas conforme à ce qui devrait normalement se passer et je dois réagir au plus vite.

— Quel est votre nom ?

— Vieux Pierrot.

— Ce n'est pas un nom, ça, c'est un surnom ! Comment vous appelez-vous ?

J'ai marqué un point et nul doute que l'autre va se ruer à l'attaque pour tenter d'égaliser.

— Mon identité n'a aucun rapport avec le décès de Marc et je...

— Donnez-moi vos papiers.

Non seulement il n'est pas revenu au score, mais voilà que je fais le break. Je lis de la contrariété sur le visage de mon vis-à-vis. Il me présente un superbe portefeuille en crocodile. J'admire l'objet, le tourne et le retourne dans mes mains avant de l'ouvrir. Il renferme tout un tas de papiers, de la carte de groupe sanguin au permis de conduire en passant par des coupures de journaux. Il y a également des photos, mais j'ai suffisamment de savoir-vivre pour ne pas m'y attarder. Pourtant, l'espace d'une seconde, je vois sur la première ce cher Vieux Pierrot, plus jeune d'une trentaine d'années. Ses traits n'ont quasiment pas changé, tout juste si la couronne de cheveux a blanchi. Près de lui pose une femme, très belle, qui donne la main à un charmant petit garçon blond d'environ trois ans. Tous trois sourient sur ce cliché pris devant une grande construction, un château ou un manoir. Au pied du perron sont garées une Porsche et une Jaguar. Je déniche une carte d'identité, l'ancien modèle à deux volets, et lis à haute voix :

— Pierre-Édouard de Vitreux de Barnac, né en 1945 à Paris.

Reposant le tout sur mon bureau, j'interroge :

— Vous m'expliquez ?

— Qu'y a-t-il à vous expliquer ? Vous souhaitiez connaître mon identité, voilà qui est fait.

Un coup discret à la porte annonce l'entrée de l'ADS, qui apporte le petit-déjeuner commandé.

Nous mangeons en silence petits pains au chocolat et croissants arrosés de café. Cet intermède survient au bon moment et permet à l'atmosphère de se détendre. J'allume une cigarette et en propose une à Vieux Pierrot. Nous fumons sans nous adresser la parole, savourant cette trêve. Arrivé au philtre, Vieux Pierrot écrase la sienne et dit dans un soupir :

— Allons-y. Je vous écoute.

— Que s'est-il passé hier soir ? Racontez-moi votre soirée.

— Que voulez-vous savoir ? C'était une soirée comme les autres. Nous sommes montés à bord du "Corentin" vers vingt heures, comme d'habitude... Nous avons mangé et discuté jusqu'à plus de minuit. Quand je me suis réveillé, Marc n'était plus là... Le reste, vous le connaissez.

— Comment s'appelle la victime ?

— Marc Pagel. P.A.G.E.L.

J'entre ces données dans mon ordinateur et questionne, sans lever les yeux du clavier :

— Avait-il des ennemis ?

— Absolument pas. Nous ne fréquentions personne. Notre seule compagnie suffisait à égayer nos journées.

— Des dettes ?

— Bien sûr que non ! Nous ne sommes pas des mendiants, obligés de tendre la main pour nous alimenter quand le RMI s'est volatilisé dans le picrate.

Il a repris du poil de la bête et éclipse momentanément la mort de son copain. Attrapant hardiment le paquet de cigarettes, il en allume une et explique :

— Je crois, capitaine Moreau, que l'étude de mon portefeuille ne vous a pas fourni suffisamment de renseignements pour comprendre notre histoire. Je vais donc éclairer votre lanterne : je suis issu d'une grande famille et porte le titre de baron. Malheureusement, mon père ignorait beaucoup des choses de la Bourse et des placements financiers, pour le moins farfelus, achevèrent de le ruiner. Le baron de Vitreux de Barnac dus se contenter d'une modeste place d'employé de banque pour faire vivre sa famille. Aîné de quatre enfants, j'héritai du titre nobiliaire et eus la chance de suivre des études supérieures. En dehors des cours, je fréquentais des fils et filles de grands bourgeois, envieux de mon titre. Il me fallait chaque jour inventer de nouveaux subterfuges pour renoncer à une invitation, n'ayant du smoking que le nœud papillon, ou pour reporter à une date ultérieure la visite du manoir familial, en fait un appartement dans un immeuble sans cachet de Nanterre. Un jour, après les cours, une jeune fille follement amoureuse de moi me suivit. Elle n'était pas douée pour la filature et je m'en apercevais aussitôt. J'étais pris au piège : je ne pouvais décemment pas rentrer à Nanterre ! Il me vint une idée : je m'arrêtai dans un bar pour téléphoner à un copain dont les parents étaient concierges d'un hôtel appartenant au Premier Ministre de l'époque. Il accepta de me faire entrer pour, je n'avais trouvé que ce motif, me prêter un volume traitant de la reproduction des insectes en milieu hostile... Le lendemain, à l'université, il se racontait que Pierre-Édouard de Vitreux de Barnac rencontrait en secret monsieur le Premier Ministre. Pour le coup, tout le monde s'intéressait à moi. Celle qui m'avait suivi vanta mes relations, mon intelligence, ma beauté, mon élégance naturelle, etc... à son père. Celui-ci, propriétaire d'un grand laboratoire pharmaceutique et de plusieurs usines, voulut à tout prix me connaître et m'envoya chercher en Rolls Royce. Pour l'occasion, je me souviens avoir donné rendez-vous place Vendôme où j'avais soi-disant à faire. En arrivant à la luxueuse demeure, ma camarade m'attendait et me pria d'excuser son papa qui nous rejoindrait plus tard. Elle me fit visiter le parc et, dans une dépendance, se jeta voracement sur moi. Elle était loin d'être laide et ce qui devait arriver arriva... A la fin de la journée, en prenant congé, son père insista pour que nous nous revoyions, cette fois en présence de mes parents. Je le promis, bien entendu.

Absorbé par sa conversation, il n'a pas tiré une seule bouffée de sa cigarette et elle s'est consumée dans le cendrier en laissant un parfait rouleau de cendre. Du geste, il en demande une autre et continue après l'avoir allumée :

— Quand la Rolls me ramena, le chauffeur me déposa sur les Champs-Elysées. Nous étions en juin. Je n'avais pas commis le moindre impair durant des mois, et là, je venais de tout fiche en l'air. Je prétextai un fort mal de tête et de terribles douleurs abdominales pour ne plus me rendre à l'université. Pour l'été, je trouvai un poste de gardien de nuit dans un hôtel. Je me laissai pousser barbe et moustaches, espérant que ces attributs, ajoutés à la durée de mon éloignement, écarteraient ma conquête de mon chemin. Le temps passant, je pensais avoir réussi, quand, un matin de septembre, son père faisait les cent pas au pied de mon immeuble. Il avait engagé un détective privé pour me retrouver ! Il me traita de “petit con”, m'accusa d'avoir sali son nom et l'honneur de sa fille et m'apprit qu'elle attendait un enfant. J'étais coincé. Sans me laisser le temps de réagir, il rencontra mes parents et organisa un mariage en grande pompe en un temps record.

— Vous pouviez refuser cette union.

— J'y ai pensé... Je n'avais pas vingt ans. Cela se déroulait avant soixante-huit et l'émancipation née de ce mouvement... Je craignais mon père et, pour lui, il s'agissait là d'une chance inespérée de redonner du lustre à notre nom. En épousant cette jeune fille, future héritière d'un empire, les de Vitreux de Barnac voyaient s'ouvrir des portes depuis longtemps refermées. De plus, elle portait mon enfant qui, à son tour, allait devenir le baron ou la baronne de Vitreux de Barnac. Pour nous, sang bleu, l'abandon d'enfant et, à plus forte raison du premier, celui qui pérennisera notre nom et notre étiquette, est impensable. Je devais accepter ! Ma femme et moi nous connaissions finalement très peu et nombre de choses nous séparaient. N'eût été notre petit garçon, je l'aurais rapidement quittée... Jérôme mourut peu avant ses sept ans. Plus rien ne me retenait auprès de cette femme, si ce n'était la certitude d'une vie facile. Je n'avais pas besoin de travailler, même si mon beau-père veillait sadiquement à nous donner ce qu'il fallait pour vivre, mais sans plus.

Il tète sa cigarette, rejette un lourd nuage de fumée vers le plafond avant de poursuivre :

— Un jour, plus déprimé que jamais et décidé à me saouler pour oublier la médiocrité de mon existence, je rencontrai Marco dans un bistrot. Il était serrurier et cherchait du travail. Une idée germa dans mon esprit : cambrioler mon beau-père et disparaître. Le problème reposait sur le fait qu'il comprendrait mon implication et me ferait rechercher. A moins... à moins de disposer d'un élément pour le faire chanter. J'en parlai à Marco et il monta un plan diabolique. Le principe n'était pas nouveau et offrait l'avantage d'avoir fait ses preuves. Je savais que mon beau-père parcourait les allées de son domaine tous les dimanches après-midi. Je versai de l'argent à une femme des relations de Marco et celle-ci l'apostropha depuis la route à travers une grille. Elle inventa une panne de voiture et demanda à téléphoner. Il la fit entrer et commit alors la seule erreur de sa vie. Je m'étais glissé à leur suite et je pris des photographies de leurs ébats. Ironie de l'histoire, ceux-ci avaient lieu dans la dépendance dans laquelle sa fille m'avait sauté au cou. Le tour était joué. Peu après, Marco s'introduisit nuitamment chez mon beau-père, vida le coffre-fort et mit à la place tout un jeu de photos. Je tenais ma liberté.

— Vous n'avez pas peur de me raconter ce cambriolage ?

— Cela remonte à trente ans, il y a prescription. Le coffre recélait une petite fortune que je m'appliquai à placer au mieux sans toutefois prendre de risques. Marco et moi quittâmes Paris pour le Sud de la

France, puis le Sud-Ouest et enfin la Bretagne. Cette existence nomade me plaisait. Nous ne possédions rien mais ne manquions de rien non plus car il me suffisait d'aller de temps à autre à la banque retirer le bénéfice de mes placements. Je peux encore vous prendre une cigarette ? Les miennes sons restées à bord du “Corentin” et je me ferai un plaisir de vous en offrir un paquet…

— Allez-y. Pour en revenir au décès de votre ami, voyez-vous un détail à me rapporter ?… N'importe quoi : une conversation un peu âpre, une altercation…

Au fur et à mesure de son récit, ses yeux se sont faits rieurs et il semble éprouver de grosses difficultés à renouer avec le présent. Il réfléchit un peu avant de répondre :

— Non.

— Buvait-il ?

Vieux Pierrot – je me promets de ne plus l'appeler ainsi désormais que je connais les grandes lignes de son passé – grimace.

— Oui, mais pas la journée. Le soir, il buvait énormément, malgré mes recommandations. Je ne pouvais admettre de le voir se détériorer physiquement. D'un autre côté, lorsqu'il était dans cet état second, vous savez, avant que l'alcool fasse raconter des bêtises monumentales, il enchantait mes soirées par ses conversations et son regard d'homme simple sur notre société.

— Lui arrivait-il de vous quitter pour aller finir la soirée dans un bar ?

— Non, jamais. Il buvait pendant que nous parlions et finissait par s'endormir, bercé par les vapeurs d'alcool. Il s'endormait toujours le premier.

— On en revient à la même question : que faisait-il dehors cette nuit ?

Il lance les yeux au plafond et écarte théâtralement les bras avant de répondre dans un souffle :

— Qu'en sais-je ? Peut-être un besoin naturel... A moins qu'il ne se soit levé, croyant le matin venu.

— Sans vous réveiller ?

— J'ai du mal à trouver le sommeil. Mais, lorsque je dors, il faudrait une bombe pour me réveiller. Il est souvent arrivé qu'à mon réveil je découvre du pain frais qu'il était sorti acheter. Alors, imaginez au beau milieu de la nuit...

J'en ai terminé avec mes questions et je remarque que mon interlocuteur montre une grande lassitude. Évoquer son ami lui a fait du mal mais il sait qu'il fallait en passer par là pour arrêter le meurtrier. Jusqu'à maintenant, il s'est plié de bonne grâce à l'interrogatoire mais, psychologiquement, il a besoin de se retrouver seul, de faire son deuil.

— Vous allez pouvoir vous reposer, monsieur de Vitreux.

Je le devance, ouvre la porte et m'enquiers avant qu'il ne sorte :

— Avait-il de la famille ? Des personnes à prévenir ?

— Il n'avait que moi. Je vais m'occuper des obsèques.

Il fait trois pas puis rebrousse chemin.

— Arrêtez l'assassin, capitaine. Le salaud qui l'a tué doit payer ! Si vous avez besoin de moi, je compte m'installer à l'hôtel de l'Océan durant quelques jours. Je ne pourrais pas dormir seul sur le Corentin.

III

Je suis à peine assis que mon téléphone sonne : le commandant me réclame dans les plus brefs délais. Tout en m'octroyant le dernier petit pain au chocolat, je m'accorde le temps de joindre le parquet de Quimper. Avisé de la situation, le procureur Colinet décide de l'ouverture d'une information judiciaire et me saisit de l'affaire. Puis je me rends au bureau de mon supérieur et le mets au courant du meurtre, sans omettre de détails. Lorsque j'en ai terminé, le commandant Bernier dit en souriant :

— Eh bien, vous ne risquez pas de vous ennuyer… Concernant l'affaire Derbain, vous avez du nouveau ?

Un manoir a été cambriolé deux nuits plus tôt. Des tableaux, des bibelots de valeur et de l'argenterie y ont été dérobés. Les propriétaires s'en sont aperçu au petit matin et ont alerté le commissariat au moment où j'y arrivais. L'agent du standard m'a passé la communication, me chargeant ainsi des premières investigations. Sur place, j'ai découvert que les malfaiteurs ont pénétré par une fenêtre dont ils ont recouvert la vitre de ruban adhésif avant de la casser. Cette nuit-là a été particulièrement pluvieuse, ce qui m'a permis de faire relever dans le jardin les marques de deux paires de chaussures différentes. Malgré une utilisation conséquente de poudre chimique, à l'intérieur, aucune empreinte digitale exploitable, autre que celles des propriétaires et de leur femme de service. Cette dernière ne couchait pas sur place et dispose d'un alibi béton. De leur côté, les époux Derbain, des sexagénaires toujours alertes, assurent n'avoir rien entendu.

— J'ai entré sur le fichier national les photos des tableaux volés. Les Derbain n'en possédaient pas pour les autres objets. Détail intéressant, les gendarmes de Pont-Aven ont été appelés pour un vol la même nuit à la chapelle de Trémalo. Je l'ai su par le télex et j'ai joint l'adjudant qui s'est déplacé. Cette chapelle étant située en dehors de la ville, il a, lui aussi, relevé dans la boue des traces de chaussures. En les comparant, on s'est aperçu qu'elles sont identiques à celles relevées chez les Derbain. Ceci nous permet d'affirmer que les deux endroits ont été visités par le même duo. J'ai passé ma journée d'hier à faire le tour des brocanteurs et des antiquaires de la région. Sait-on jamais...

Le commandant hoche sa tête d'ours mal léché avant d'objecter :

— Il y a, à mon sens, peu de chances de ce côté-là. Les voleurs ont sûrement agi sur commande d'un collectionneur.

— C'est également mon impression, commandant, car les tableaux ont tous été peints par des amis de Paul Gauguin et, à Trémalo, ce n'est ni plus ni moins que le Christ qui a inspiré Paul Gauguin qui a disparu.

— Je constate qu'il y a là de quoi enrichir une collection. Ce sont des œuvres de valeur, chez Derbain ?

— Oui. Enfin, tout est relatif. Disons entre cent et cent cinquante mille euros pièce.

— De qui sont-elles ?

— Attendez que je me souvienne... Deux Moret, un Maufra, un Sérusier et un Émile Bernard.

— Hum, il est effectivement possible qu'un collectionneur de l'école de Pont-Aven ait passé commande. Par contre, pour l'argenterie et les bibelots... De toutes façons, les voleurs ne seraient pas assez bêtes pour les écouler dans le coin : depuis hier, les journaux en font leurs gros titres. Changeons de sujet : avez-vous prévenu le parquet ?

— Oui, c'est fait.

— Parfait. Il ne me reste plus qu'à vous souhaiter bon courage.

— Merci, patron.

*
* *

Le témoignage d'Yves Audrin, l'homme qui, le premier, a aperçu le corps, n'a apporté aucun renseignement susceptible d'orienter les recherches. Ne pouvant me résoudre à rester me tourner les pouces en attendant les résultats de l'autopsie, je décide de retourner sur le port. Il y a deux raisons à cela : primo, Marc Pagel n'ayant pas succombé à une simple noyade, je subodore que la blessure et la strangulation ont eu le quai pour cadre. Secundo…

Il faut que je me raconte, pour le secundo. Je suis né à Audierne, comme avant moi mon père. Il en est ainsi depuis des générations. Seule parenthèse à cette filiation, mon grand-père qui avait vu le jour à Concarneau, tout comme son frère et sa petite sœur. L'explication de cette triple naissance en dehors du Cap résidait dans l'appartenance de leur papa à la Gendarmerie Nationale et, principalement, dans son affectation à Concarneau pour rejoindre celle qui allait devenir sa femme. Mal du pays sans doute, il obtint sa mutation pour Audierne en récompense d'une enquête criminelle qu'il avait résolue avec brio*. La boucle était bouclée. La petite maison maternelle avait été conservée par les héritiers directs et appartenait toujours à la famille. Nul ne pourrait dire qui en était l'exact propriétaire, chacun l'utilisant tour à tour pour les vacances. Quand j'étais enfant, je venais régulièrement dans cette ville et attendais avec impatience ce moment. Fils unique, j'avais sympathisé

---

*Clin d'œil à *Toiles de fond à Concarneau*, même auteur, collection Pol'art, même éditeur.

avec les gosses du quartier et les retrouvais toujours avec joie. En leur compagnie, j'avais exploré chacune des rues et arpenté les quais des milliers de fois. Sans verser dans le romantisme aigu, j'éprouvais un petit pincement au cœur en repensant aux journées entières de pêche au bout du Quai Nul, aux après-midi de plage ou de parties de cache-cache géantes. Certes, mes occupations étaient les mêmes à Audierne, mais il y avait en plus, un je ne sais quoi qui me faisait aimer cette ville… Aussi, après de longues années en région parisienne, je profitai de la réforme de 1995 pour être nommé capitaine et demander une affectation en Bretagne. Après un poste à Rennes pendant neuf ans, je retrouvai enfin Concarneau.

Tout en marchant, je me remémore mes multiples tentatives de renouer le contact avec mes anciens petits camarades. Au bout du fil, certains furent chaleureux, d'autres moins. C'était curieux, cette gêne des adultes à afficher leurs sentiments et cette volonté, incompréhensible, de tracer une croix sur les souvenirs de jeunesse. Ces réactions ne m'avaient pas choqué mais permis de séparer le bon grain de l'ivraie. Le solitaire que j'étais en avait vu d'autres, et ne se lamentait pas. Tout au plus avais-je trouvé cela dommage.

La trace sombre de la mare de sang se dessine à quatre mètres du bord du quai, sensiblement à égale distance de la cale aux Voleurs et des deux vieux gréements. Marc Pagel a certainement crié et, à une quinzaine de mètres, Pierre-Édouard n'a rien entendu. Mes pas me mènent vers l'embarcation sur laquelle les deux amis passaient la nuit. M'agrippant à un cordage, je pose un pied sur la lice et saute à bord du Corentin, un lougre chasse-marée de près de vingt mètres de long.

A son flanc est amarré le “Marche-Avec”, la réplique d'un de ces canots sardiniers comme il en existait des centaines à la fin du dix-neuvième siècle et qui avaient Concarneau pour port d'attache. En puriste, je m'étais d'ailleurs étonné du choix d'un bateau de ce type pour représenter le premier port thonier français, mais la lecture d'un ouvrage m'avait appris que la ville avait compté à une certaine époque des dizaines de conserveries qui travaillaient le petit poisson d'argent.

Un panonceau apposé sur les bastaques* indique un nom, Gouelia, et un numéro de téléphone. Rien ne traîne sur le pont et ne laisse présager que deux hommes squattaient nuitamment les lieux. Je m'escrime sur le panneau donnant accès au ventre du bateau, mais Pierre-Édouard est repassé par là et a tiré le verrou. Je vais pour renouveler mon essai quand une voix forte m'interpelle :

— Non, mais oh ! Vous voulez un coup de main ?

---

*Câbles qui maintiennent le mât.

Opérant une volte-face, je me trouve devant un solide gaillard qui, les mains sur les hanches, semble stupéfait par ma conduite. Il me guette et n'espère qu'une mauvaise réaction de ma part pour me pousser au mieux sur le quai, au pire dans l'eau du port.

— Je suis policier et je voulais juste vérifier l'ouverture de ce panneau.

— Ah bon ! Et pourquoi ?

Il paraît douter de mes intentions et de ma qualité. Afin de le rassurer pleinement, j'exhibe ma carte professionnelle.

— J'ai appris que deux hommes couchaient sur ce bateau et j'aimerais voir l'intérieur.

— S'il n'y a que ça, grommelle-t-il. C'est en rapport avec le noyé ?

— Je vois que les nouvelles vont vite. Vous vous appelez ?

— Ludovic Jeunet. Je travaille pour Gouelia.

Il cherche dans sa poche une clef qu'il fait jouer dans la serrure et, sans effort ni couinement, le panneau coulisse sur son rail de bois.

— Allez-y.

Je descends quelques marches étroites et m'introduis dans le carré. En chêne massif, il se compose d'une grande table sur laquelle pourraient tenir quinze dîneurs et de huit bannettes.

En retrait, sur ma gauche, se trouve une petite cuisine judicieusement aménagée. M'appuyant au mât, qui traverse le plafond et continue sous le plancher, j'observe la pièce. La lumière du jour pénétrant par six prismes de verre suffit à l'éclairer et confère au lieu une ambiance conviviale.

Jeunet parle sur le pont, sans doute à un promeneur de sa connaissance.

C'est du moins ce que je croyais avant que celui-ci ne demande en me rejoignant :

— Vous m'avez entendu ?

— Non. Que disiez-vous ?

— Il y a quatre autres bannettes à l'avant.

Je m'y rends, uniquement par curiosité, parce que j'ai constaté ce qui m'intéressait : il est réellement possible que de Vitreux n'ait rien perçu de la bagarre ni de la chute dans l'eau. L'isolation, quasiment parfaite, atténue les bruits extérieurs, ceci quand bien même le panneau d'accès soit ouvert. Or, Pagel avait refermé celui-ci lorsqu'il était sorti et, dans ces conditions, son ami ne pouvait imaginer ce qui se tramait à proche distance.

— Dites-moi, vous saviez que des gars montaient la nuit sur ce bateau…

— Oui. Nous venons d'embaucher trois marins pour gréer le Corentin avant la saison et ils ont sympathisé avec deux… pas des marginaux, hein, mais des gars qui vivent un peu en dehors des sentiers battus et qui désiraient un endroit pour dormir. Ils m'en ont parlé et nous avons trouvé un accord. On est parfois victime de vandalisme du style jet de bocks de bière, ou alors on nous pique l'annexe et on la retrouve le lendemain du côté du Passage... Ce genre de truc, quoi ! Le fait que deux hommes couchent à bord empêche ces actes de malveillance et ce principe d'échange, surveillance contre hébergement, a intéressé tout le monde.

— Vous êtes le propriétaire ?

— Non, je représente la société Gouelia qui fait naviguer des navires traditionnels. Je suis mandaté par un conseil d'administration et mon travail consiste à dénicher des clients pour des excursions à la journée ou à la semaine. Je passe régulièrement vérifier si tout fonctionne normalement.

Il a retiré sa veste et retroussé les manches de son pull, exhibant de solides avant-bras.

— Vous n'êtes pas d'ici, si ? questionne-t-il.

— Oui et non. Pourquoi ?

— Tout à l'heure, j'ai bu un coup chez Anne, au bar du Port. C'est là que j'ai appris pour le noyé. Je dis le noyé, mais il paraît qu'il n'est pas mort noyé. Enfin, c'est ce qui se raconte. Et maintenant, je vous vois fureter ici et je me dis qu'il y a peut-être autre chose derrière... N'importe qui aurait pu balancer un bonhomme à la baille, mais sûrement pas un de ceux qui couchent là. Remarquez, je ne les connais pas beaucoup, mais je ne pense pas que ce soit le genre de type à faire des conneries pareilles.

— Avant de vous laisser continuer, je dois vous annoncer que le noyé est le plus jeune de vos locataires.

— Oh !

— Désolé de vous l'apprendre aussi brutalement. Pour en revenir à ce que vous disiez, vous avez une idée de l'identité de…

— Non, bien sûr ! C'est juste qu'il y a du monde à passer sur le quai. Même la nuit !

Comme j'ouvre de grands yeux ronds, il explique :

— Il y a du mouvement, la nuit. Tiens, vous me faites penser aux Parisiens : ceux-là se figurent que le poisson arrive directement du bateau jusque dans leur assiette ! Ils n'imaginent pas les intermédiaires entre le coup de chalut et le filet de citron sur le poisson pané. Vous savez, celui qui a les yeux dans les coins…

Il est décidé à me chambrer. Autant le laisser faire, sinon il risque de couper court à notre conversation.

— Je vous écoute.

— C'est vivant, un port. Pas que la journée ! La nuit, il y a les dockers, les surveillants de bateaux, les mécanos d'armement, les gars de la Chambre de Commerce… Sans compter les insomniaques ou ceux qui se disent insomniaques pour prétexter une balade sur le quai à la recherche d'une godaille. Les jeunes en bordée qui attendent l'ouverture du bistrot pour aller boire un dernier. Et les gars qui ont un canot et qui viennent prendre des poissons écrasés pour leurs casiers. Et ouais, ça en fait du monde ! Et j'oubliais les acheteurs des magasins de marée !

Je ne voyais pas les choses sous cet angle. Mes connaissances du milieu portuaire se révèlent finalement moins solides que je ne l'augurais et, même si je sais que la pêche procure de nombreux emplois et fait vivre bien des familles, je ne m'attendais pas à une liste aussi fournie. Je me préparais plutôt à me lancer à la poursuite d'un noctambule et Ludovic Jeunet évoque tout un ensemble de personnes à interroger et peut-être à suspecter ! Je suis cependant intimement persuadé qu'il n'y avait pas de témoin direct, sinon il serait intervenu. A moins que les agresseurs, de par leur nombre, ne l'aient découragé ! Quoi qu'il en soit, je réalise que je vais devoir questionner tous ces individus, en espérant que l'un d'entre eux aura remarqué ne serait-ce qu'un embryon de détail…

Je remercie Ludovic Jeunet et note à toutes fins utiles son nom sur mon calepin. Pour tenter de remettre de l'ordre dans mes idées et me familiariser un peu plus avec cet univers que je pensais connaître comme ma poche, je décide de longer le quai.

IV

Il est midi lorsque je quitte les bureaux de la Chambre de Commerce et d'Industrie. J'en ai recontré le directeur. Il m'a expliqué le fonctionnement de son service, puis m'a donné les noms et adresses des deux armements ayant un bateau à la vente ce matin et de la société d'intérim chargée de l'embauche des dockers, de même que l'identité des employés de service de nuit. Je mesure maintenant le temps nécessaire pour rencontrer les personnes susceptibles d'avoir vu, entendu ou remarqué quelque chose.

Je dois attendre treize heures trente pour continuer sur ma lancée, le personnel des armements et de la société d'intérim étant vraisemblablement parti manger. Mon estomac me susurrant d'en faire autant, j'opte pour un bar derrière la criée, “Les Embruns”. Des soiffards occupent les tabourets au comptoir et rient fort de plaisanteries qui ne feraient pas sourire un gamin de douze ans. Je m'installe à l'écart et, à l'aide de mon portable, appelle Murielle. Infirmière à Quimper à l'hôpital Laënnec, je sais qu'elle dispose d'un moment de répit à cette heure de la journée.

— Salut, ma belle. Ça va ?

— Oui, et toi ?

— On va dire oui. Désolé pour ce matin. Je me suis arrangé pour faire le moins de bruit possible, et le téléphone a tout foutu par terre.

— Ce n'est pas grave. J'ai eu le temps de faire un peu de ménage comme ça.

— Tu rentres vers quelle heure ?

— Si je ne fais pas de rab, je finis à huit heures. Pourquoi cette question ? Tu veux m'emmener au restaurant ?

— J'aimerais oui mais, ce soir, j'ai école. Je suis sur un drôle de boulot.

— Si j'ai bien compris, tu découches. Comment est-elle ?

— Brun, froid à cette heure-ci, un trou dans le dos et décédé par strangulation.

— Je vois…

Son baiser miaule longtemps dans l'écouteur, la discrétion me contraint à ne pas en faire autant.

Derrière son comptoir, le patron me demande ce que je désire. Je choisis un diabolo-citron et un sandwich jambon-beurre. C'est prêt en un rien de temps, et, comme il s'approche, je lui montre discrètement ma carte. Sur la défensive, le cafetier me dévisage. Du geste, je lui enjoins de s'asseoir sur la banquette de l'autre côté de la table. Une moue de dépit sur les lèvres, l'autre hésite mais finit par se résigner.

— Juste quelques questions et je disparais. A quelle heure ouvrez-vous le matin ?

— A deux heures. J'ai l'autorisation, et…

— Pas de problème, pas de problème ! Pourquoi si tôt ?

— Pour les dockers. Ils font une pause d'une demi-heure, de deux heures à deux heures trente.

— Recevez-vous d'autres clients ?

Le ton de sa voix s'est adouci et il répond volontiers.

— Oui, mais plus tard. Les acheteurs des magasins de marée viennent boire un café avant d'attaquer leur journée, puis les gars de la CCI.

— Je veux dire… des personnes étrangères à la criée…

— Ça arrive. Surtout le lundi matin, à la fermeture des boîtes de nuit.

— Était-ce le cas ce matin ?

— Non. Les boîtes sont fermées le lundi soir. J'ai eu trois jeunes mais je les ai foutus dehors.

J'attends une explication. Le patron du bar s'en aperçoit et la livre.

— Trois punks, des fouteurs de merde. Ils étaient assez excités et cherchaient la bagarre. J'ai refusé de les servir et, avec deux ou trois dockers, je les ai virés.

— Pouvez-vous me les décrire ?

— Mieux que ça ! Le père de l'un d'entre eux est client. Le fils s'appelle Lionel Carré. Il habite chez ses parents, aux HLM de Lanriec. Avec lui, vous saurez les noms de ses copains.

— Vous dites qu'ils étaient excités. Donnaient-ils l'impression de gars qui ont fait ou vont faire une connerie ?

— Comment savoir ? Ils étaient à moitié bourrés, et les conneries c'est une de leurs spécialités.

— Lannic, tu remettras ça !

Les piliers de comptoir ont vidé leur verre et semblent s'impatienter. Après un mot d'excuse, l'homme file leur verser à chacun vingt-cinq centilitres de bière. Il revient et s'assoit, preuve que mes questions ne le dérangent finalement pas.

— C'est toujours pareil avec ces jeunes cons : ils n'en branlent pas une et font chier le monde. Maintenant que j'y pense, je suis sûr que ce sont eux qui ont cassé le carreau de l'agence d'assurance, là, plus loin.

— Ils n'ont rien dit de spécial ? Avaient-ils l'air grave ?

— Non, pas du tout. Ils se chambraient et rigolaient. Puis ils ont commencé à se foutre de la gueule d'un docker et à râler parce que je ne les servais pas. J'ai attrapé ma batte de base-ball et je leur ai dit de dégager. Ils ont renâclé, mais les clients m'ont aidé.

— Vous n'avez pas appelé la police ?

— Pour quoi faire ! Sauf votre respect, le temps qu'ils arrivent…

Il n'achève pas, de peur de me froisser. Des hommes en bleu de travail et en bottes entrent, répandant dans leur sillage une forte odeur de poisson.

— Ce sera tout ? demande le patron du bar.

Je fais oui de la tête. Il se lève en souriant largement, sans doute soulagé sur le fond et la forme de l'entretien.

*

* *

Remettant à plus tard les visites aux armements et à la boîte d'intérim, je passe au commissariat consulter le dossier de ce Lionel Carré : ivresse sur la voie publique, bagarre, conduite en état d'ivresse, refus d'obtempérer, outrages à agent... La liste est longue, mais il n'y a rien de comparable à un meurtre. Se peut-il que lui et ses petits camarades aient franchi la frontière des erreurs de jeunesse ? Comme par réflexe, je tapote mon étui et m'assure de la présence de mon arme.

En redescendant de mon bureau, je croise le lieutenant David Fournot.

Ce jeune Bourguignon a terminé dans les premiers à son examen de fin d'instruction et s'est trouvé parachuté à sa demande dans la Ville Bleue.

— Salut ! Tu fais quoi, là ?

— Rien de spécial. J'allais m'occuper du dossier de Richard Berthou. Tu connais ?

Je réponds par l'affirmative et il continue :

— Le télex annonce qu'il vient de mourir dans un accident de bagnole à l'entrée de Nantes.

— On ne le regrettera pas, ce coco. Je l'ai serré une fois pour cambriolage. Je sais aussi qu'il traficotait de la came à l'occasion. Dis, j'ai besoin d'un coup de main. Tu m'accompagnes ? Tu me raconteras en route.

Dans la voiture, Fournot m'expose ce qu'un coup de fil des collègues de Nantes lui a appris :

— C'est du pas banal, Max. Figure-toi que Berthou était passager et que le chauffeur a disparu.

— C'est quoi, la voiture ?

— Une BMW, volée hier après-midi à Quimper. Quand les pompiers sont arrivés, Berthou était mort et le pilote avait profité de la confusion pour s'éclipser. Avoue qu'il y a de quoi s'étonner…

— Oui, dis-je en admirant le panorama depuis le pont du Moros. J'imagine qu'ils ont relevé des empreintes…

— C'est possible mais on n'en a pas parlé. Tu as une idée sur l'identité du conducteur ?

— A première vue, non… Je serais curieux de savoir ce que Berthou allait fabriquer à Nantes. A condition que Nantes soit la destination finale… Cent contre un que ce n'était pas pour acheter un cubitainer de gros-plant ou pour visiter le château des ducs de Bretagne !

— Tu ne crois pas si bien dire : devine ce qu'il y avait dans le coffre ! Un flingue et des cassettes vidéo. Au moins une centaine.

— Quel genre de cassette ?

— Alors là, mystère et boule de gomme ! Il faudra attendre le visionnage.

Une minute plus tard, nous arrivons aux HLM de Lanriec. Nous repérons la bonne cage d'escalier et allons nous garer un peu plus loin. Pour faire banlieue, un crétin maladroit a extériorisé sa révolte en taguant le hall et les boîtes aux lettres.

Nous grimpons trois étages, je compte machinalement les marches et conserve le silence pour me livrer à ma marotte secrète.

Une musique criarde se fait de plus en plus forte. Fournot reste caché tandis que je sonne, doutant de l'intérêt de cette manœuvre dans le vacarme ambiant. Pourtant, il ne s'écoule pas cinq secondes avant que la porte s'ouvre. Devant moi se présente un jeune homme d'environ vingt-cinq ans, au visage le plus ingrat qu'il m'ait été donné de voir : oreilles écartées, nez plus que proéminent, lèvres mangées par l'herpès et ouvertes sur des dents à l'état de chicots… Un remède à l'amour ! Il est certain que l'on ne choisit pas son physique, mais il est toujours possible de pallier à l'indélicatesse de la nature en s'arrangeant un minimum. Pas lui ! Il porte aux pieds des rangers qui n'ont pas connu le cirage depuis des lustres et est vêtu d'un jean déchiré de part en part et d'un tee-shirt sans manches laissant apparaître des bras maigrichons couverts de tatouages tous plus laids les uns que les autres. Pour couronner le tout d'une touche personnelle, ses cheveux sont teints en vert. Nul besoin d'être un professionnel de la coiffure pour constater qu'il s'agit d'une création maison.

Il n'a pas coupé la musique, si l'on considère musicale la suite de sons désordonnés et incohérents qui m'agressent les tympans, aussi je me contente d'articuler à vide. Le punk me toise, fait demi-tour et disparaît. Le boucan cesse illico et il revient.

— Si c'est pour un aspirateur, y en a déjà un ici !

Il s'est retranché vers l'intérieur de l'appartement pour balancer ce qu'il estime être une vanne d'une drôlerie extrême et m'a adressé une mimique que j'interprète comme : voyez comme je l'envoie paître, celui-là !

— Je ne vends pas d'aspirateur, non, même si je pense qu'il serait urgent d'en utiliser un pour débarrasser ces moutons et ces miettes de pain.

— T'es témoin de Jéhovah, alors ?

— Non, flic. Je peux entrer ?

Il a blêmi. Il a suffi d'un mot pour que ce dur se mette à trembler et à envisager l'avenir avec inquiétude. J'entends chuchoter dans la pièce voisine et présume au physique du guignol qu'il ne doit s'agir ni de filles ni de ses parents. Nul besoin d'être devin pour estimer qu'il s'agit sans doute des copains qui l'accompagnaient la nuit dernière. Tant mieux, je vais ainsi faire d'une pierre trois coups. Comme pour me donner raison et épater la galerie, l'idiot veut jouer au plus fin et adopte un air bravache.

— Flic ! On ne vous a pas appelé. Ça doit être une erreur.

Avertie de la fonction de son visiteur, cette petite frappe est passée au vouvoiement.

— On parie ? Tu sais ce que veut dire user de coercition ?

Rapide comme l'éclair, j'avance le pied et bloque la porte que le punk allait refermer. Sans lui laisser le temps de proférer un mot, je lui saisis le bras droit et le lui remonte dans le dos. Classique, indémodable et terriblement efficace. Carré est plus grand que moi et je me déhanche pour le diriger vers la salle à manger et apercevoir la faune qui y croupit. Ils sont deux, vautrés sur un canapé défoncé, les pieds sur une table basse dont la peinture a sauté en maints endroits. Sur cette table gisent un pack de bières éventré, un paquet de gâteaux secs et un cendrier plein jusqu'à la gueule. Voyant leur pote en une sale posture, les deux punks veulent intervenir et réussissent seulement à s'asperger le pantalon de la canette qu'ils tenaient entre les jambes.

— Du calme, vous deux, ou je lui casse le bras !

Ils ont le même look que le Lionel avec, en plus, des piercings dans les oreilles, au menton et sur les arcades sourcilières. Le lieutenant Fournot a suivi et, la main sur son arme, les fouille consciencieusement. Sur l'un, il récupère un poing américain et un cutter ; sur l'autre, un cran d'arrêt.

— Surveille-les, fais-je à David. Je n'en ai pas pour longtemps.

J'élève le volume de la musique et fais faire demi-tour à mon prisonnier. Devant nous, la cuisine ; à droite, le couloir. Nous l'empruntons. Au milieu, deux portes, la salle de bain et les toilettes et, au fond, deux autres. Je choisis la chambre des parents et, maintenant fermement ma clef au bras, allonge le punk sur le lit et m'assois sur son dos.

— Alors, petit con ! T'as intérêt à causer et à répondre juste. Sinon, je ne garantis rien. Pigé ?

Pour bien montrer ma détermination, je lui remonte le bras haut dans le dos, lui arrachant un cri de douleur. Je ne sais pas pourquoi, mais cela me fait du bien. Faudrait que j'en parle à un psy : pourquoi la souffrance de ce trou du cul me procure-t-elle un sentiment de bien-être ? Sans doute parce qu'il représente ce que je combats à longueur d'année. A moins que je ne m'identifie aux parents Carré que je ne connais pourtant pas.

Comble de malchance pour la petite frappe, je suis

TOC, et c'est donc indépendamment de ma volonté que je réitère l'opération une deuxième et une troisième fois. L'ayant conditionné, j'ordonne :

— Raconte-moi ta nuit et n'oublie rien !

— D'accord, d'accord !

Un agneau. C'est incroyable, cette relation de cause à effet ! Humble policier atteint de TOC, je sonde mon moi le plus enfoui et transforme un voyou en agneau…

— Accouche !

— Qu'est-ce que vous voulez savoir ?

— Ce que tu as fait cette nuit, de hier dix-huit heures à sept heures ce matin.

Tour à tour, j'ai amené isolément les punks dans la chambre des parents Carré et tous les trois ont raconté la même histoire malgré mes menaces de leur arracher piercings et boucles d'oreilles. En bref, ils se sont bourré la gueule chez un copain pendant toute la soirée et une bonne partie de la nuit. Vers quatre heures, ils sont partis de chez cet ami, rue Malakoff, pour rentrer à pied à Lanriec.

Quai Carnot, ils ont vu l'enseigne d'un bar allumée et ont décidé de boire un petit dernier. Le patron a refusé et les a sortis manu militari, ce qui les a passablement énervés.

Par vengeance, ils ont cassé quelques rétroviseurs et le carreau d'une société d'assurance, puis ont repris leur marche et sont rentrés vers cinq heures.

Ma déception est immense, car j'espérais résoudre rapidement cette affaire et me replonger au plus tôt dans celle du cambriolage du manoir. De rage, j'expédie une mandale à Lionel Carré et, par souci d'égalité, agis de même envers ses copains.

— Appelle le fourgon, David ! On les embarque pour dégradations. Et préviens l'assureur qu'il n'aura pas de franchise à régler.

*

* *

Il est un peu plus de dix-sept heures quand je reviens au commissariat. Les armements m'ont fourni les coordonnées des surveillants et ont garanti que ceux-ci seraient ce soir encore sur le quai. A la société d'intérim, j'ai appris que les mêmes hommes et femmes que la veille travailleraient dès vingt-deux heures, plus quelques autres. Deux dockers ayant posé congé, j'ai noté leurs noms et adresses en me promettant de leur rendre visite.

Je m'accorde un café avant de rejoindre mon bureau et, comme cela fait longtemps que je n'ai rien versé, glisse trois euros à l'agent chargé du pot commun.

Trois, huit, trois puis six marches plus tard, je pénètre dans mon antre. Je me défais de mon blouson et de mon flingue et téléphone au légiste. Ce dernier décroche dès la seconde sonnerie, ce qui est extrêmement rare.

— Bonjour, docteur. Ici le capitaine Moreau à Concarneau, au sujet d'un corps que…

— Oui, je vois. Par où commencer ? Votre client a deux blessures. L'une au mollet droit, l'autre sous l'omoplate droite. Celle-ci a percé le poumon. Elles ont sans doute été provoquées par la même arme. Arme dont j'ignore pour l'instant le type. Je l'imagine pointue en son extrémité puis ronde, d'un centimètre de diamètre. L'angle de pénétration est étrange car il indique un coup porté du haut vers le bas. La victime étant de taille moyenne, il faut donc que son agresseur soit très grand. Ou alors il se tenait en hauteur. Ces blessures n'étaient pas mortelles ; en tout cas, elles ne pouvaient pas entraîner une mort instantanée. Pour conclure, votre bonhomme est décédé d'un écrasement du cartilage cricoïde.

— Vous êtes un peu trop technique pour moi.

— En clair, il a eu le larynx écrasé lors de la strangulation.

— Combien de temps a-t-il séjourné dans l'eau ?

— Difficile de l'affirmer avec précision… Si j'en crois le blanchiment des lèvres des blessures au contact de l'eau de mer… je dirais environ deux heures.

— Merci, docteur Valmont.

— Je vous fais parvenir les résultats définitifs dès que possible.

Marc Pagel est donc mort vers cinq heures du matin. Pour l'instant, ce renseignement n'offre pas grand intérêt car il faut tenir compte d'un décalage de plus ou moins une heure. Quant à l'arme, nul n'a idée de ce qu'elle peut être ni de sa forme. Peut-être un pic à glace, comme dans le film *Basic instinct* !

Dans un tiroir de mon bureau, je conserve mon précieux répertoire téléphonique. J'y trouve ce que je cherchais, à savoir le numéro d'Yves Perrot, un copain de promotion en poste à Nantes.

— Max ! Comment va ?

— Ça marche. Dis, tu connais l'officier qui enquête sur un accident de voiture ce matin à l'entrée de Nantes ?

— Un peu, que je le connais : c'est moi. C'est chié, la vie ! Je me disais justement que le quidam habitait Concarneau et que je ne tarderais pas à avoir de tes nouvelles.

— Question de feeling, tu te poses là ! Tu as du neuf ?

— Pas encore, mais j'ai demandé au procureur de commettre un juge d'instruction chargé de délivrer une commission rogatoire pour mettre les zonzons* sur le coup.

*Service des écoutes.

— Explique.

— Le chauffeur a filé. On n'a pas trouvé de traces de sang, mais il est peut-être blessé. De toutes façons, blessé ou pas, soit il connaît du monde sur Nantes, soit il va vouloir regagner son nid. J'ai eu ton patron au téléphone ce matin et il m'a fourni les noms de plusieurs citoyens, amis de la victime. L'un est peut-être le chauffeur et il tentera sûrement de contacter un des autres pour se faire rapatrier au plus près de la Ville Close.

— Bien joué, ce n'est pas con.

— Par contre, s'il est trop sévèrement touché pour rentrer au bercail ou, a contrario, s'il n'a rien et fait du stop ou prend le train, je suis marron.

— Je croise les doigts.

— Moi aussi, tu parles ! Il t'intéresse, le mort ?

— Non. Je voulais simplement en savoir un peu plus.

— Curieux, va ! Je te tiens au courant.

— Entendu, Yves. Ciao.

Avant que Murielle ne rentre de l'hôpital, j'ai le temps de faire un saut chez les deux dockers en congé pour la nuit suivante.

Tout en marchant vers ma voiture, je tente de mettre un visage sur le chauffeur de la voiture accidentée et dresse une liste d'une bonne poignée d'individus pouvant lui correspondre.

Un petit lutin me murmure pourtant au creux de

l'oreille que rien n'établit qu'il est Concarnois, la voiture ayant été volée à Quimper.

J'en conviens, et finis par me dire que ce ne sont pas mes oignons.

J'ai suffisamment de boulot comme ça, pas la peine d'en rajouter.

V

Rien vu, rien entendu. Les deux dockers ont terminé leur travail vers cinq heures trente du matin et sont rentrés directement chez eux.

D'ailleurs, où auraient-ils pu aller ? Soit, il y a bien le bar derrière la criée, mais ils évitent les embuscades depuis qu'ils se sont fait contrôler à plusieurs reprises.

Je suis rentré en coup de vent me préparer un sandwich et griffonner un mot à l'attention de Murielle. Selon le directeur de la CCI, l'électricien et le surveillant de nuit embauchent à vingt heures. Anticipant sur la nuit à venir, je bois un café bien chaud et change ma fine chemise pour un tee-shirt et un pull à col roulé. J'ai décidé de passer la nuit sur le port afin d'en comprendre le fonctionnement et le rôle de chacun. Secrètement, j'espère que cette observation me livrera une indication ou un témoignage déterminant.

Je déniche l'électricien près d'un tapis roulant dont il vérifie le câblage. Il ne m'a pas entendu venir et sursaute quand je lui adresse la parole :

— Bonsoir. Je suis policier. Dans le cadre d'une enquête, j'aimerais vous poser quelques questions.

L'électricien passe du rouge, son teint habituel, au blanc puis au bleu. Il semble s'interroger sur la raison de la présence de ce flic sous la criée et je comprends qu'il faut le rassurer pour instaurer un climat de confiance, si je veux obtenir un quelconque résultat.

Souriant, je prends une cigarette et lui en propose une qu'il refuse poliment.

— Un homme a été découvert ce matin dans le port. Je voudrais savoir si vous avez remarqué quelque chose ou quelqu'un, la nuit dernière.

Quelque peu détendu, il fait non de la tête. Je demande alors :

— Quels sont vos horaires ?

— Je commence à vingt heures, je finis à trois.

— Et en quoi consiste votre travail ?

— Je prépare les tapis roulants, les karchers et les rallonges pour les treuils. Tout doit être prêt quand les dockers arrivent.

— Avez-vous l'occasion, au cours de la nuit, d'aller du côté de la cale aux Voleurs ou aux alentours de la cale ?

— Non, pas si loin. Je vais parfois au local des pompes à eau de mer. Et encore, c'est rare. Seulement s'il y a une panne.

— D'accord. Une question plus personnelle maintenant : qu'avez-vous fait après trois heures ?

— Je suis rentré chez moi.

— Directement ?

— Ben oui, comme d'habitude.

Pour donner plus de poids à son affirmation, il ajoute :

— Ma femme bosse dans un magasin de marée. Elle commence à sept heures. Alors, je dois m'occuper des enfants et les emmener à l'école. Donc, je rentre directement et je me relève à sept heures et demie. Je me recouche en revenant de l'école.

Une lueur brille dans ses yeux et je me dis que celle d'Archimède en lançant son célèbre Eurêka devait être d'égale intensité.

— Demandez à Victor Tanneau, si vous ne me croyez pas. C'est le surveillant de nuit. On habite le même quartier et nous rentrons ensemble.

Un homme vient justement de pénétrer sous la criée, traînant un chariot sur lequel sont disposées des bailles, de grands seaux pouvant contenir plus de cinquante kilos de poisson. Comme son collègue, il porte un bleu de travail et un gilet sans manches.

Je m'approche, me présente et reprends ma série de questions. Comme je m'en doutais, le surveillant de nuit me sert les mêmes réponses que l'électricien et confirme leur départ peu après trois heures. L'antériorité établie du meurtre les disculpe, sauf s'ils m'ont raconté des bobards, ce qui implique leur participation commune. Je n'y crois pas mais, à défaut, note leur identité et leurs alibis sur mon calepin. J'ai une heure à tuer avant de poursuivre les interrogatoires. Je décide d'aller boire un verre au bar “Les Embruns”. Ce doit être colossal, le nombre de cafés que nous buvons, nous, les flics ! Je suis persuadé que c'est la profession qui en consomme le plus, avec peut-être les toubibs. Sans ces deux corporations, plusieurs importateurs se verraient contraints de mettre la clef sous la porte. Je jette mon dévolu sur la même table qu'à midi et me laisse tomber sur la banquette qui couine de douleur. Une jeune femme officie ce soir. Tout en essuyant des verres, elle couvre du regard les rares clients juchés sur des tabourets. Je commande un petit noir et aperçois, à côté de la machine à café, des tasses posées sur leurs soucoupes. Les petites cuillères et le sucre sont également prêts, en attente d'un rush de consommateurs. Tout compte fait, je revois ma position et considère qu'il faut ajouter dans la catégorie des grands buveurs de café les travailleurs de la nuit. Tout bien réfléchi, les importateurs ont encore de belles années devant eux.

A intervalles de plus en plus rapprochés, la porte s'ouvre sur de nouveaux clients. Comme respectant un rituel immuable, le nouvel arrivant serre la main des hommes déjà présents avant de s'adresser à la serveuse.

Sans en avoir l'air, je les observe. Nul ne paraît aux aguets ni ne montre de signe de nervosité. En revanche, les visages reflètent de la curiosité : tous se demandent ce que je fais là, alors qu'eux, à ma place, seraient confortablement installés devant la télé ou dans leur lit. Peut-être assimilent-ils ma présence à une intrusion. Je feins de les ignorer et tire sur ma cigarette, plus pour me donner une contenance que par besoin de nicotine, tout en écoutant les conversations aux sujets aussi anodins que variés : la victoire, le week-end précédent, de l'équipe de foot locale qui engrange ainsi des points importants pour son maintien dans la compétition, le début du film sur la première chaîne, les nichons et le petit cul de l'héroïne du film sur la deux... Seuls, trois hommes, à une table, conversent à voix basse de langoustines, de soles, de surveillant. J'imagine qu'ils évoquent la godaille qu'ils aimeraient ramener à la maison.

Tous consultent de plus en plus souvent leur montre ou la pendule du bar et s'empressent de renouveler leur consommation ou de payer. Déjà deux ou trois sont partis et, les mains dans les poches, avancent vers la criée. En cinq minutes, le bistrot s'est vidé. Je patiente une poignée de secondes et sors à leur suite dans la relative fraîcheur de la nuit.

La voiture de la patrouille est garée à l'écart et deux agents se manifestent discrètement en me voyant. Prévoyant, j'ai demandé ce renfort pour empêcher les dockers de discuter entre eux pendant que j'en interrogerai d'autres.

Si j'ai bien retenu les explications du responsable de la société d'intérim, les dockers sont d'abord assignés à un bateau, leur nombre dépendant de la quantité de poisson pêchée, puis ils iront aider leurs collègues et tous finiront à la même heure. Selon leur ordre sur la liste, ils vont choisir leur poste avant d'aller chercher l'équipement adéquat : bottes, cirés, gants...

Il y a ce soir trois bateaux à décharger. A vrai dire, deux le sont déjà, les marins du bord ayant débarqué les containers de poisson à l'aide d'un treuil puis les ayant stockés en chambre froide.

Il ne reste plus qu'à procéder au tri. Sur le troisième, un chalutier d'une vingtaine de mètres, l'équipage va participer au déchargement baille par baille. Cinq dockers sont prévus pour les assister et trier.

Pendant que les chefs d'équipes distribuent les rôles, je marche vers les surveillants d'armements qui discutent paisiblement un peu plus loin. L'entretien tourne court car, dès le départ, ils annoncent d'une même voix qu'ils n'ont pas bougé de la criée la nuit précédente, attendant le début de la vente à six heures trente pour partir. Ils n'ont vu personne d'étranger à l'univers portuaire ni rien remarqué d'anormal.

Nantis de leur matériel, les forts des quais reviennent. Je m'avance à la rencontre du premier chef d'équipe et l'accoste.

— Bonjour ou plutôt bonsoir. Je suis officier de police et j'enquête sur une noyade. Il faudrait que je vois chacun de vos gars.

— Quand ? Mainant ?

Ses yeux trahissent sa stupéfaction. Ne souhaitant pas le fâcher, je le rassure :

— Ce sera rapide, ne vous inquiétez pas.

— C'est que, c'est pas prévu, ça ! Je sais pas si...

— Plus tôt ce sera terminé, mieux cela sera pour tout le monde.

Il pressent qu'il serait aussi malvenu qu'inutile de me contrarier. Quand je tends la main vers le papier qu'il tient, il me laisse le prendre sans sourciller.

— Robert Marchand, c'est vous ?

Il acquiesce et j'enchaîne tout en notant la liste de noms sur mon calepin.

— Aviez-vous la même équipe hier soir ?

Il se gratte frénétiquement l'arrière du crâne, en proie à une réflexion profonde. Est-il intimidé ou tout simplement limité ? Toujours est-il que la réponse tarde à venir. Je lui mets la feuille sous le nez et il s'écoule bien trente secondes avant que le docker ne déclare :

— Ouais, tous sauf le dernier.

— C'est lequel ?

— Celui qui lave les containers.

— D'accord. Je vais commencer par vous. A quelle heure avez-vous terminé la nuit dernière ?

Une nouvelle fois, il plonge dans le mutisme. Encore heureux que ces questions portent sur un passé récent, sinon les délais nécessaires aux réponses risqueraient de compromettre l'interrogatoire…

— A cinq heures trente.

— Et qu'avez-vous fait après ?

Exceptionnellement, il réplique illico :

— J'ai été boire un coup aux "Embruns".

— Jusqu'à quelle heure ?

Il hoche la tête à plusieurs reprises, se ravise alors qu'il allait ouvrir la bouche et rougit.

— Soyez franc, je vérifierai.

— Huit heures, lance-t-il du bout des lèvres.

Du fond de sa bêtise, il voulait cacher ce détail vraisemblablement synonyme de conduite routière avec plus que le zéro gramme cinquante d'alcool autorisé. Il ne lui est pas venu à l'esprit qu'un officier de police puisse se déplacer pour un motif autrement plus important.

— Entre cinq heures trente et huit heures, avez-vous quitté le bar ?

— Non.

Il a murmuré ce mot, comme un gamin surpris par ses parents en délit de grosse bêtise.

— Je vous demande de ne parler à personne de cet entretien. Les agents vous surveilleront pendant que j'interrogerai vos gars.

Il bégaie son accord en rougissant derechef. C'est

sans doute un brave type. Comme ses pairs, la présence d'un flic paralyse sa pensée et dénature son comportement. Je lui lance un sourire complice et le quitte en lui souhaitant bon courage.

Il y a des années de cela, j'avais invité un copain et son épouse à venir goûter au climat breton le temps d'une semaine. Un matin, nous avions décidé d'assister à la vente sous criée et nous nous étions levés de très bonne heure. Ce devait être en avril, si j'ai bonne mémoire. Bien plus que le froid et l'humidité, je me souviens de rafales de vent venant du chenal et s'engouffrant sous le bâtiment. Col de manteau ou de blouson relevé, mains au fond des poches, nous nous arrangions pour présenter notre dos aux morsures des bourrasques. Depuis un mur a été construit et bouche l'horizon de telle sorte, que si l'on veut apercevoir la Ville Close, il faut se contenter des espaces réservés aux tapis roulants.

Un cariste vient de verser un premier container sur le tapis. Il s'est appliqué à le vider progressivement afin de faciliter le travail des trieurs qui vont œuvrer sur un autre tapis placé perpendiculairement. Ils ont disposé au sol des caisses prêtes à recevoir le poisson selon son espèce et sa taille. Pour le moment, ils enfilent tabliers et gants. Une femme fait partie de l'équipe. Les cheveux coquettement retenus par une pince, elle s'est maquillée et a ajusté un foulard autour de son cou.

Je me présente et lui explique ce que j'attends d'elle :

— Avez-vous remarqué quoi que ce soit, la nuit passée ?

— Non, rien du tout.

Elle a répondu spontanément. S'apercevant de mon trouble quant à la rapidité de sa réplique, elle argumente :

— Depuis qu'ils ont mis un mur, on ne voit plus rien. D'un côté, ce n'est pas plus mal : avant, j'étais enrhumée pour ainsi dire toute l'année ! Mais, pour en revenir à votre question, comment voulez-vous que je vois quelque chose avec ce mur ?

— Je comprends. A quelle heure avez-vous fini ?

— Aux alentours de cinq heures.

— Êtes-vous rentrée aussitôt chez vous ?

— Ah ça sûrement ! fait-elle en attrapant simultanément trois limandes et en les jetant avec précision dans une caisse. J'ai deux petits à la maison !

— Quelle direction prenez-vous pour partir ?

— Ben, l'avenue de la Gare.

Je souris de ce quiproquo et affine la formulation de mon interrogation.

— Je voulais dire en quittant votre lieu de travail. Où était garée votre voiture ?

— Sur le parking, quai Carnot.

— Et là non plus vous n'avez rien remarqué ?

— Non.

Une fois encore je la remercie puis me tourne vers les hommes. Ils sont quatre et se chargent des plus grosses prises, communément appelées “chaudrées” : lieus jaunes et noirs, raies, lottes, juliennes, cabillauds, congres… Interrogés un à un, ils reprennent tous l’argument de la femme : le fameux mur occulte toute visibilité. Quant à savoir si quelqu’un leur est passé dans le dos, ils me renvoient vers les surveillants, car eux étaient bien trop occupés pour s’en soucier. Ils ont également terminé le travail à cinq heures trente et ont rejoint leurs pénates sans faire un crochet par “Les Embruns”. J’obtiens les mêmes répliques de la part de l’homme qui, derrière les trieurs, remplace les caisses pleines par des vides puis va les peser.

Je commence à désespérer de recueillir un témoignage déterminant. J’aurai peut-être plus de chance côté quai. Avant de me glisser entre le tapis roulant et l’arête du mur, je somme les agents de contrôler les conversations.

La chambre froide est ouverte. Deux caristes en sortent les containers des navires auxquels ils sont assignés et les approchent de leur tapis roulant respectif. Profitant de ce que l’un d’entre eux approvisionne un tapis, j’entame la conversation. Tout en gardant un œil sur le tapis et en actionnant une manette de son engin, l’employé de la Chambre de Commerce se plie de bonne grâce à ma requête.

— En ce moment, il ne passe pas grand monde. L'été, je dis pas : les touristes viennent assister aux opérations de débarquement. Il faut parfois hausser le ton pour qu'ils se poussent et nous laissent travailler dans de bonnes conditions. Mais, la nuit dernière, je n'ai pas vu un chat.

— J'imagine que vous avez terminé comme les autres, à cinq heures trente ?

— Ouais, dans ces eaux-là. J'ai vidé le dernier container aux alentours de cinq heures. Après, je suis allé ranger le chariot avant de revenir filer un coup de main aux copains.

— Vous le rangez où, ce chariot ?

De la pointe du menton il désigne un point derrière la chambre froide, soit en direction de la cale aux Voleurs. Me voilà subitement intéressé et suspendu à ses lèvres.

— Vous me montrez ?

— J'ai pas le temps, souffle-t-il. Voyez avec un autre collègue.

— Ce n'est pas le local en tant que tel qui m'importe. Je voudrais me faire une idée de ce que vous auriez pu voir depuis cet endroit.

Il pige d'emblée ce que je sous-entends, grimace d'impuissance.

— Je voudrais bien vous aider, mais je n'ai rien vu. J'ai mis le chariot en charge et je suis ressorti. Juste, il y avait le "Danichlo" qui rentrait. Un moment, j'ai pensé aller chercher une godaille mais, comme il allait à la cale aux Voleurs, je me suis dit qu'il n'avait rien pêché.

— Expliquez-moi pour la cale aux Voleurs, je n'ai pas bien…

Cette fois, ce n'est pas mon côté TOC qui nécessite une répétition. Pour que cela soit clair dans mon esprit, je dois assimiler chaque mot et estimer si cela vaut ou non la peine d'être approfondi. Or, il y a un petit quelque chose qui m'échappe.

— C'est simple : quand les bolincheurs rentrent de mer, ils vont au quai est décharger leur poisson. Si le "Danichlo" n'y est pas allé, c'est qu'il n'avait rien pêché. En plus, je m'étais trompé en le voyant : le "Danichlo" fait la petite pêche, pas la bolinche.

— D'accord. Et vous l'avez vu s'amarrer à la cale aux Voleurs ?

— Ah non, j'ai pas dit ça ! J'ai dit qu'il en prenait la direction. Peut-être qu'il a viré et qu'il s'est mis ailleurs.

Il fait reculer sa machine, amène le container à laver et va en quérir un autre. Je note consciencieusement ces renseignements puis aborde l'autre cariste. Victime d'une gastro-entérite, lui non plus n'était pas là la veille, ni l'autre laveur de container, un gaillard taciturne qui a à peine interrompu le jet de son appareil à haute pression pour me répondre, manquant de peu de m'asperger.

De retour sous la criée, un agent me certifie que les discussions n'ont jusqu'ici porté que sur un plan professionnel. Abordant le second chef d'équipe, un costaud à tête de rugbyman à la fin d'une rencontre Irlande-France, je pressens aux regards qu'il me lance qu'il n'entend pas collaborer. Lorsque je lui explique le but de cette opération, le docker me réplique en termes imagés que ce ne sont pas là ses affaires et que je ferais bien mieux de les laisser travailler. Comme il a haussé la voix, les trieurs se sont arrêtés de travailler. Il se croit obligé d'en remettre une couche. En général, quel que soit le cas, je fais preuve d'un grand calme ; mais là, j'hésite entre le coffrer et lui mettre mon poing sur la figure. Je sens la colère monter, des fourmillements me picotent les phalanges. Cela doit se remarquer sur mon visage car, tout à coup, le docker blêmit. Dans le même temps, ses jambes se raidissent et sa main se crispe sur la poignée du croc qui lui sert dans son travail. Il redoute, j'en suis persuadé, un acte violent de ce flic qui le fixe durement. Chaque fraction de seconde le tétanise plus encore. Il doit se demander si le premier coup sera porté par un poing ou par un pied. Ce n'est ni la main ni le pied que je lui adresse, mais… un sourire. En effet, ce grand nigaud au nez épaté, aux dents manquantes et aux oreilles décollées vient de me faire comprendre un point essentiel de l'enquête : le croc est l'arme qui a blessé Marc Pagel avant qu'il ne soit étranglé ! Pas précisément ce croc, mais un croc. Dans un éclair, je me souviens de la déclaration du légiste et me reproche de ne pas avoir percuté plus tôt. Tout à l'heure, lorsque l'autre chef d'équipe mettait en ligne les caisses de poisson triées, je me suis rappelé en le voyant manier son croc celui que j'utilisais, enfant, pour traquer les étrilles sous les rochers mais n'ai pas fait le rapprochement.

Un qui n'entrave plus rien à la situation, c'est le docker ! Il croit à une ruse.

— Venez, dis-je. On va discuter.

Je fais tomber une pile de caisses et m'y assois. Pour attester de mes intentions pacifiques, je prends mon paquet de cigarettes et lui en propose une.

L'homme balance d'un pied sur l'autre, hésitant à tendre le bras. Je lui jette le paquet. Les doigts tremblants, il en sort une. Ça y est, on est copains. C'est incroyable le pouvoir d'une cigarette. Le simple fait d'en offrir une suffit dans certains cas à dompter les plus farouches... Et il parle, Nicolas ! Il raconte tant et si bien qu'il s'égare parfois et que je suis obligé en plusieurs occasions de recentrer le débat.

En l'espace de dix minutes, je sais tout de lui, de sa tension artérielle qui lui joue des tours, de sa vue qui baisse et de ses voisins, le connard au chien qui aboie toute la journée et l'empêche de dormir et le sympa dont la femme est mignonne mais un peu trop bêcheuse.

Le hic, c'est que ces sujets ne m'intéressent pas. J'oriente alors le dialogue sur son outil de travail.

— C'est un croc, explique-t-il. J'en ai une demi-douzaine à la maison, mais ils sont à moitié nazes. Ç'ui-là, c'est un pote qui me l'a fait.

— Je peux ?

Longue d'une dizaine de centimètres, la poignée est soudée perpendiculairement à une tige d'environ un centimètre de diamètre et longue d'un mètre, terminée par un arrondi à l'extrémité pointue. Sans être vraiment acérée, il est clair que cette pointe commettrait des dégâts en pénétrant une chair. Cet élément, je le réalise pleinement, rend chaque docker potentiellement suspect.

— Comment vous en servez-vous ?

Il récupère le croc et, en roulant des épaules, se dirige vers des caisses de poisson triées et placées à côté d'une balance encastrée dans le sol. Glissant l'arrondi du croc sous la poignée d'une caisse de lottes, il la tire sur la balance, griffonne le poids sur un papier et arrose le tout d'une pelletée de glace. Aussi vite que ses jambes le lui permettent, il file la positionner puis revient chercher une caisse de juliennes et opère de façon identique. Après un rapide coup d'œil à la feuille de déclaration des pêches, il la dispose à trois pas de la caisse de lottes.

Vient ensuite le tour de grosses limandes qu'il amène à l'autre bout de l'espace imparti à ce bateau, les chaudrées étant séparées des cardines (limandes, merluchons, carrelets, soles...). Il n'est pas peu fier, le brave homme ! Pour une fois qu'il a du public, il met tout son cœur à l'ouvrage et se démène comme un forcené. En neuf minutes, montre en main, il a comblé son retard et transpire à grosses gouttes.

— Z'avez vu ! C'est comme ça qu'on fait.

Comme il va pour poursuivre, je subodore que j'aurai des difficultés à me défaire de la conversation du truculent personnage. Avisant une caisse de lieus noirs, je la lui désigne et profite de ce qu'il ait le dos tourné pour m'esquiver.

*

* *

Une heure plus tard, tous les dockers ont été interrogés et j'en suis au même point. Enfin, pas tout à fait, car je suis monté à bord du petit chalutier rencontrer un docker qui œuvrait en fond de cale. Il utilisait à ce poste un croc différent de celui de son collègue, un outil plus court qui lui servait à piquer les gros poissons dans la tête pour ne pas les abîmer et à les mettre dans les bailles. Il l'employait également pour approcher les bailles du panneau par lequel le treuil les hissait pour les déposer sur le quai, et pour retirer les planches qui compartimentaient le poisson. En le voyant travailler, j'ai acquis l'intime conviction que l'arme qui a atteint Marc Pagel au mollet et sous l'omoplate ressemblait fortement à ce croc. Certes, je pourrais les saisir tous à fin d'expertise, mais il est peu probable qu'il y reste une trace de sang. De plus, les recherches scientifiques se révéleraient longues, et les dockers ont besoin de leur matériel.

Certes, ceci n'est pas un motif valable pour contrecarrer une action judiciaire, mais disons simplement que je ne sens pas le coup.

Le surveillant de nuit de la CCI passant à portée de voix, je le hèle.

Répondant à mon désir de connaître les emplois nécessitant l'usage d'un croc, l'homme me dresse une liste non exhaustive : dockers, employés de marée, poissonniers ambulants… Alors que j'achève d'interroger une vingtaine de personnes, je découvre que cela ne représente qu'une petite partie des suspects. Car il n'y a pas de mystère : le meurtrier use d'un croc dans le cadre de son travail. Court ou long, je l'ignore encore, même si le premier a ma préférence.

A ce stade des investigations, je redeviens ce gamin qui jouait au Cluedo. Pour l'instant, je connais le lieu et l'arme du crime. Il ne reste plus qu'à identifier l'assassin. Enfantin !

VI

A en juger au nombre de containers sur le quai, les dockers en ont encore pour un moment. Ce n'est pas le cas du petit chalutier dont le patron armateur, après une vigoureuse poignée de main aux membres de son équipage pour leur souhaiter une bonne nuit, attend le moment de la vente. Lorsque, en compagnie du responsable de la Chambre de Commerce, il a compté les caisses alignées, j'ai lu de la déception sur son visage : les apports sont de plus en plus faibles et l'avenir incertain.

Un agent de police m'offre un café que j'accepte volontiers. Prévoyant, il en a apporté une pleine thermos, des gobelets, du sucre et trois cuillères. Je gratifie son initiative d'un sourire reconnaissant et offre ma tournée de cigarettes. Nous échangeons des banalités, plus pour tuer le temps que par besoin de parler, tout en observant le déroulement des opérations de déchargement et de triage. Je ne suis pas d'un naturel disert, aussi la conversation tombe-t-elle vite à plat. Il s'agit d'une facette de mon tempérament : je préfère l'action aux paroles. J'ai faim, tout à coup, et j'ai l'impression que mon sandwich remonte à la nuit des temps. Mon estomac me tiraille et, si mon oreille ne me trompe pas, il en est de même pour les deux agents. De voir tous ces poissons, je me mets à saliver en imaginant toutes sortes de plats enchanteurs : sole poêlée, daurade au four, colin au court-bouillon accompagné de mayonnaise ou de vinaigrette et des inévitables pommes de terre à l'eau, raie au beurre noir…

Avant l'ouverture des "Embruns" et la promesse d'un jambon-beurre, je décide de faire un saut à la cale aux Voleurs. Les mains dans les poches de mon blouson, je fais le chemin inverse de ce matin ou plutôt d'hier matin car le jour a changé, et monte à bord du "Corentin". En fait, pour y accéder, je descends les barreaux d'une échelle fixée dans la maçonnerie du quai.

Je suis sur les lieux du crime. Certes, il n'est que deux heures du matin, et le légiste estime le décès aux alentours de quatre heures trente-cinq. Je dois me mettre à la place de Pagel pour découvrir ce qui a causé sa fin. Je ferme les yeux, me pince le haut du nez, me concentre. Je suis Marc Pagel. Je viens de me réveiller. La raison de ce réveil n'est pas alarmante, sinon je réveillerais Pierre-Édouard.

J'ai fait coulisser le panneau de bois et maintenant je hume à pleins poumons l'air frais de la nuit. Que vois-je qui puisse inciter à me faire passer de vie à trépas ? De quoi puis-je être témoin qui justifie que l'on me trucide ? Derrière moi, les travailleurs de la nuit s'activent. Je ne les vois pas mais j'entends le bruit de leur activité. Sur ma gauche, les eaux du port reflètent l'éclairage de la Ville Close, quelques embarcations dansant au gré de la marée montante. En face, la cale aux Voleurs, le parking de l'Office de Tourisme et l'avenue Pierre Guéguen. Pas un moteur de voiture ne trouble le sommeil des riverains. A ma droite, le quai. De quoi dois-je me méfier ? Il existe des zones d'ombre, certes, mais j'ai largement le temps d'appeler mon ami à la rescousse avant que mon agresseur ne s'approche assez près pour me frapper. A moins que… A moins que je ne connaisse mon agresseur et, par conséquent, ne conçoive pas qu'il me veuille du mal ? A moins que je ne sois occupé et ne l'entende venir ? Dans ce cas, quelle est cette occupation qui couvre l'approche de mon meurtrier sans réveiller Pierre-Édouard ? J'ai beau réfléchir, je ne vois pas. A moins que ce fichu agresseur ne surgisse par le seul côté dont je ne me méfie pas : le port ! Peu crédible.

Conclusion, je le connais ou je suis occupé. A quoi ? A uriner ! Cela paraît simpliste mais a le mérite de justifier un réveil si matinal. Je suis donc en train de soulager ma vessie par-dessus la lice, ce qui en soi ne constitue pas un motif pour éliminer ses contemporains, puis… Je me giflerais ! C'est bien la peine d'être officier de police et de tenter d'imaginer différents scénarios, dis, balourd ! Plutôt que de prendre en compte tous les éléments dont je dispose et de réfléchir sur ce qui a concrètement pu arriver, je m'aventure dans des délires aussi creux qu'infondés. Ce n'est pas le tueur qui est descendu sur le "Corentin", mais Marc Pagel qui a gagné le quai comme la mare de sang en atteste. Dommage ! Je pensais tenir un début d'histoire. Allez, je me remets dans la peau de Pagel… J'ai quitté ma bannette pour céder aux injonctions de Dame Nature. Je suis là, les yeux bouffis, la langue pâteuse, l'haleine chargée de l'alcool ingurgité avant le coucher et la zigounette à l'air. Quel événement pourrait m'amener à escalader l'échelle ? Une tentative de vandalisme sur le lougre dont Pierre-Édouard et moi avons la garde ? Il y a fort à parier que ma présence entraînerait le départ du vandale. Un individu m'interpelle, au besoin simule un malaise ? Il s'agirait alors de violence gratuite. Une bagarre dans laquelle je m'interpose ? Peu vraisemblable à cette heure et en cet endroit. Quoique la vie déréglée de certains soit parfois si étrange… Une jolie minette m'invite à la rejoindre ? Ridicule, talons aiguilles et croc ne vont pas de pair.

J'en suis là dans mes réflexions quand un frottement me fait faire volte-face. Instantanément, mes muscles se bandent et je me sens prêt pour la castagne. Dans un réflexe, je recule pour éviter qu'un coup de croc irréel ne me défonce la boîte crânienne. Par bonheur, j'ai pris soin de repérer les lieux et suis décidé à plonger dans le port pour échapper à la lame acérée d'un couteau ou à un flingue... La flamme d'un briquet jaillit à la poupe du lougre et, à sa faveur, je reconnais Pierre-Édouard de Vitreux de Barnac. A cette vision, je me détends dans la seconde et retrouve un rythme cardiaque proche de la normale. Tout à mes pensées, je ne l'avais pas distingué dans la nuit et je m'en veux terriblement. Ah, il doit avoir une piètre opinion de moi, le baron. Vous parlez d'un flic, doit-il penser, il n'est pas fichu de déceler la présence d'un tiers à cinq mètres et sursaute au bruit d'un briquet ! Avec un gugusse pareil pour mener l'enquête, il n'est pas prêt d'être vengé, ce pauvre Marc ! Il doit me maudire, le baron, et avec moi tous les flics de France et de Navarre. De Vitreux se déplace légèrement et je vais m'asseoir près de lui sur le banc de barre, dissimulant difficilement mon désarroi. Alors que je redoute une remarque désobligeante, peut-être teintée d'ironie, Pierre-Édouard murmure :

— Merci.

Un mot, un seul, mais quel mot ! Je sais alors que je conserve l'estime de de Vitreux. C'est important pour moi qui fonctionne au moral. Ces cinq lettres me rassérènent et je les accepte comme un encouragement. Plus que l'ovation de toute une foule chavirée par la liesse, elles me stimulent. A bien y réfléchir, ce n'est pas uniquement ce mot qui me galvanise, mais c'est un tout : le mot, le ton sur lequel il a été prononcé, et surtout, surtout, la personnalité de celui qui l'a murmuré. Il émane de son être une aura telle que je me promets de tout mettre en œuvre pour ne pas le décevoir. Je ne peux pas le décevoir ! Je ne veux pas le décevoir ! Il est question de mon orgueil, mieux encore de mon équilibre, de ma santé psychologique. Je pourrais discourir ainsi pendant des heures, mais ce monologue pourtant silencieux atténue la magie de l'instant. Je cesse donc de penser et, l'esprit vide, profite de la félicité du moment. Nul ne saurait combien de temps nous demeurons ainsi, goûtant pleinement chacune de ces minutes d'une qualité rare. Quiconque nous verrait nous imaginerait correspondant par télépathie.

Une légère bruine se met à tomber, apportant un plus à notre communion. Seul, l'engourdissement qui nous gagne va rompre ce moment privilégié.

— Vous devriez aller vous coucher…

Pierre-Édouard a entendu et pèse le bien-fondé de cette remarque. Après quelques secondes, il répond :

— Je veux savoir…

Je m'en serais douté. Rien ni personne ne saurait empêcher le baron de veiller sur le “Corentin” jusqu'au petit matin.

— Prenez garde et ne courez aucun risque. En cas de besoin, je suis sous la criée.

*
*   *

L'attente se poursuit. Deux sandwichs dans l'estomac, je me sens d'attaque et interroge les professionnels du port au gré de leur arrivée. Ce sont d'abord, vers quatre heures, les deux qualiticiens de la CCI, dont le rôle consiste à effectuer la saisie informatique des pêches Puis les acheteurs des magasins de marée, chargés d'apprécier la qualité des apports et de repérer les lots en fonction des commandes de leurs clients de la France entière. Les vétérinaires passent également et prélèvent quelques poissons à fin d'analyses, ces analyses se déroulant, selon les mauvaises langues, dans l'assiette s'il s'agit de lotte, de rouget ou de sole. Pendant un moment, j'ai eu fort à faire et j'ai dû écourter les interrogatoires.

La vente a débuté. L'époque du crieur annonçant les enchères dans son micro est révolue, tout le processus étant informatisé. Finis les clins d'œil, les mouvements de tête ou d'épaule indiquant la montée des prix.

Deux agents et le brigadier Vernet ont remplacé leurs collègues à cinq heures. Leur présence ne se révélant plus indispensable, je les congédie et reste m'imprégner de cette atmosphère particulière dans laquelle tous s'affairent et m'ignorent. Comme je m'y attendais, Pierre-Édouard vient me rejoindre. La fatigue se devine à sa démarche. Il semble avoir vieilli de dix ans. Une barbe naissante lui bleuit les joues et le menton, sa moustache paraît moins impeccablement taillée.

— Alors ?

Cinq lettres, cette fois encore. Tout comme son merci, elles se suffisent à elles-mêmes. Difficile de faire plus court, excepté un regard ou un signe de tête interrogateurs. Ce sens du raccourci me rappelle la correspondance entre Victor Hugo et son éditeur, au sujet de je ne sais plus quel bouquin : désirant connaître le nombre des ventes, Hugo s'était contenté de tracer sur sa lettre un point d'interrogation et l'éditeur avait répondu par un point d'exclamation.

— Alors rien. Rien de rien. Et vous ?

— Rien non plus.

Intérieurement, je me dis que ce n'est pas plus mal. Que serait-il advenu s'il avait vu quelque chose ? Moins fort physiquement que Marc Pagel, il y a de fortes chances pour que Pierre-Édouard se soit retrouvé entre deux eaux, un joli trou bien rond dans le dos ou le cœur.

— Allez dormir, vous en avez besoin.

Le baron acquiesce et s'éloigne. Malgré la lassitude, la tristesse et la déception d'une inutile nuit blanche, il ne se départ pas de sa classe naturelle. Animé d'un bâillement léonin, j'évoque fugacement mon lit et l'image de Murielle se matérialise devant mes yeux rêveurs. Je fantasme sur son corps chaud entre les draps et souhaite au plus vite me blottir contre elle. Allez, promis, je fais un crochet par le poste et, s'il n'y a rien de spécial, je rentre me piauler. Avec un peu de chance, j'éviterai le commandant qui arrive invariablement avant huit heures.

J'emprunte le même chemin que Pierre-Édouard, que j'aperçois une centaine de mètres au devant. S'arrêtant à la hauteur du "Corentin", le baron scrute minutieusement les alentours. Puis il se remet en marche, les mains dans les poches de sa veste et la tête exceptionnellement rentrée dans les épaules. Tout comme lui, je marque un temps près du lougre. Cela fait vingt-quatre heures que l'on a retiré le noyé des eaux du port et mon enquête n'a pas progressé d'un iota. Je pense pourtant n'avoir omis aucun début de piste, aucun embryon d'hypothèse. Que faut-il en déduire ? Qu'il s'agit du crime parfait ? Non, je refuse cette idée ! Je la rejette de toute la puissance de mon orgueil de flic. Et pour faire bonne mesure, j'y ajoute la farouche volonté de Pierre-Édouard de voir l'assassin payer son crime. Si ce n'est le crime parfait, quel détail ai-je négligé ? J'ai beau me creuser la cervelle, je ne vois pas. Ou alors… Et si le croc n'était pas l'arme du crime ! Cela signifierait que je me suis fourvoyé et que j'ai enquiquiné les dockers pour rien. Il ne faut, en effet, pas oublier que les interrogatoires de la nuit portaient à la base sur la possibilité que l'un d'entre eux ait vu quelque chose de suspect et me le rapporte. Mais, quand j'ai réalisé que le croc était – ou, par précaution, utilisons le conditionnel – pourrait être l'arme de l'agression, je n'ai plus eu à rechercher un témoin mais un coupable. Voire deux, ou trois, ou… Je nage. Pire, je rame et cela avec une seule rame, si bien que je tourne en rond. Je me fais penser à Hercule face à l'hydre de Lerne : dès que je coupe la tête à une supposition, il en naît plusieurs autres. Afin d'y voir un peu plus clair, je me force à résumer la situation. Qui est mort ? Marc Pagel. Y a-t-il un témoin ? Non. Origine du décès ? Étranglement, précédé de deux blessures, l'une au mollet, l'autre sous la clavicule. Identification de l'arme ? Un croc, ou… ou autre chose. Liste des suspects ? Infinie.

Le constat est démoralisant. Sans noircir le tableau outre mesure, je me suis contenté d'analyser froidement la situation et d'énumérer chaque certitude. Je ne peux compter sur aucun élément et ne dispose en tout et pour tout que de l'identité du défunt et la nature de sa mort. Et encore, pour ce dernier point, je vais contacter Valmont et lui soumettre l'idée du croc comme étant l'arme ayant atteint Pagel par deux fois. Qui sait, cela me fera peut-être progresser ? Allez, entendu comme ça, j'appelle Valmont à Quimper et je rentre me coucher.

Je vais pour me remettre en marche quand j'aperçois un caseyeur quitter le ponton alloué aux bateaux de ce type, à proximité du quai Pénéroff. Il fait maintenant complètement jour et je peux lire le nom du bateau : “Danichlo”. Immédiatement me revient en mémoire ce qu’a dit un docker et je hèle le pilote de l’embarcation. Seul à bord, le marin pêcheur me regarde et, ne me connaissant pas, imagine cet appel pour un tiers et se concentre sur sa navigation.

— Par ici, hurlé-je. “Danichlo”, par ici !

Du geste et de la parole, je lui demande d’approcher. Malgré le bruit du moteur, le marin m’a entendu et, se tournant une seconde fois, m’avise et réalise que c’est bel et bien son attention que j’essaie d’attirer. Alors que je m’attends à ce qu’il vire de bord, le matelot, sans m’accorder le moindre regard, balance un bras par dessus son épaule. La traduction de cette réaction est sans ambiguïté et il est inutile que je continue à m’égosiller pour le faire revenir. L’homme part en mer et a bien autre chose à faire que de rester discuter le bout de gras avec un gars qu’il ne connaît pas. Force est donc de reporter cette rencontre et je me dirige vers le commissariat pour téléphoner à Valmont.

VII

Un coup de sonnette me tire de mon rêve. Il y était question d'île sous les tropiques, habitée uniquement par des nymphes court vêtues. Naufragé, j'y arrivai à bout de force mais retrouvai miraculeusement toute mon énergie en découvrant les habitantes de cet endroit idyllique. Il me faut quelques secondes pour prendre mes marques et je gicle du lit à la seconde sonnerie. Si c'est un représentant en échelles à plinthe, en brosses à reluire, en marteaux à bomber le verre ou tout autre individu aussi mal intentionné, je l'étripe sur place ! Pour illustrer à quel point cette intrusion me dérange, je me présente pieds nus et en pyjama. Rentrant ma colère pour mieux la sortir en cas de besoin, je fais pivoter la porte sur ses gonds. Une femme me fait face. Son visage me dit quelque chose, mais trop confusément pour que je la situe d'emblée. Mignonne, un peu plus jeune que moi, elle est maquillée avec goût. Elle tient en bandoulière un sac à main dans lequel pourraient facilement tenir trois dictionnaires.

— Bonjour.

Elle a prononcé ce mot en souriant. Pas un sourire commercial, non, mais un sourire franc et chaleureux qui me permet de juger de l'excellent état de sa dentition. Je sais que je la connais mais ne me souviens pas en quelle occasion nos chemins se sont croisés. Je réponds à son salut d'une manière amicale, me mettant à regretter ma tenue.

— Tu ne me reconnais pas ?

Allons bon, elle me tutoie ! Une délicieuse fossette se creuse selon les expressions de son visage, et cette fossette, je suis certain de l'avoir déjà vue. Il m'est néanmoins impossible de mettre un nom sur ce joli minois.

— Sylvie ! Sylvie Le Roux !

Comment ne l'ai-je reconnu ? Le béguin de ma prime jeunesse ! Elle et son frère logeaient à trois maisons de celle dans laquelle je venais en vacances à Concarneau. Sitôt arrivé, je courais chez eux.

— Mais oui, bien sûr ! Heu…

— Je te dérange ? J'aurais dû téléphoner.

— Mais non. Entre.

Elle fait un pas en avant, hésite à m'embrasser sur la joue, puis pénètre. Je referme la porte, consultant sans en avoir l'air le miroir de l'entrée : les cheveux, ça va à peu près, par contre j'ai le dessous des yeux gonflé et les traits tirés. Elle doit me trouver défraîchi et estimer que nous n'avons pas vieilli à la même vitesse.

— Ils ont refusé de me donner ton adresse, au commissariat. Mais, en faisant du charme, j'ai réussi à obtenir un indice et je me suis rendue à ton domicile. J'ai sonné plusieurs fois, avant que ta voisine de palier ne sorte et ne me dise que je te trouverais ici.

Cette chère madame Sellin ! La reine du ragot ! La Présidente Directrice Générale des commérages ! Ministre des interminables discussions de trottoirs ! J'ignore comment elle se débrouille, mais elle sait tout sur tout le monde. Elle doit bénéficier d'un réseau d'espions dans chaque rue de la ville, dans chaque entreprise et administration. A condition que la visite de Sylvie soit amicale, je serai le premier à qui ses élucubrations profitent, car elles sont parfois cause de mauvaises réputations et ont ruiné bien des carrières et des projets.

— Elle a bien fait. Tu bois un café ?

— Je ne vais pas rester longtemps. Je suis navrée de venir te déranger, mais j'ai un… un petit problème et…

— Attends : je prépare du café, je m'habille un peu plus décemment et, après seulement, on discute. D'accord ?

— D'accord.

— Eh bien, mets-toi à l'aise ! J'arrive tout de suite.

De fait, je suis de retour une douzaine de minutes plus tard, car je n'ai pas résisté au plaisir de me doucher pour chasser les éventuels effluves de poisson.

Mis à part les joues et le menton bleuis par une barbe naissante, j'ai bien meilleur aspect que plus tôt en pyjama.

Je remplis deux tasses du chaud breuvage et m'installe en face d'elle.

— Et voilà le travail ! Bon, vas-y, je t'écoute.

Elle boit une petite gorgée et, la tasse en suspens, plonge ses magnifiques yeux clairs dans les miens.

— Je ne sais pas si j'ai bien fait de venir. Je me trompe peut-être. Je ne voudrais créer de soucis à personne ni te donner de boulot supplémentaire... Il vaut mieux que...

L'expérience m'a appris que tout n'est que question d'intonation et qu'il faut savoir mettre dans sa voix le petit quelque chose en plus qui encourage, détend et amène l'interlocuteur à livrer son information.

— Raconte. On jugera ensuite ce qu'il convient d'en penser.

Sylvie fait oui de la tête, termine sa tasse et attaque son récit.

— Je travaille à la DDASS... et je suis parfois confrontée à des affaires dans lesquelles le sordide le dispute à la sauvagerie. Il y a trois ans, un couple avait monté un dossier afin d'adopter un enfant. Ils gagnaient plus que correctement leur vie, étaient mariés depuis plusieurs années et ne pouvaient avoir d'enfant. Rien ne s'opposait à une adoption, jusqu'à ce que l'on découvre qu'ils consultaient sur Internet des sites pédophiles. L'enquête n'a pas permis de déterminer s'il s'agissait de la femme, de l'homme, ou des deux. Le dossier d'adoption a été clos, tu t'en doutes, et la demande refusée. Le jugement, car il y a eu jugement, a requis une peine avec sursis contre le mari.

— C'est vraiment le minimum.

— Je ne te le fais pas dire. Ce qui est troublant, c'est qu'ils n'ont pas divorcé depuis. A mon sens, si une personne apprend que son conjoint a des déviances et est attiré par des gosses, j'imagine qu'il ou elle le quitterait, non ? Comme ce n'est pas le cas, je suis persuadée qu'ils ont tous les deux des tendances pédophiles.

— Ça me semble logique, mais les gens sont parfois si frapadingues que plus rien ne m'étonne. Si j'ai bien compris, tu voudrais que le tribunal rouvre le dossier et…

— Non. Je sais que ce serait long et inutile. A la place d'une simple condamnation, nous en aurions une double, sans doute avec sursis, et ce serait tout. Autant donner un coup d'épée dans l'eau.

— Détrompe-toi, cet aspect n'est pas négligeable : cette condamnation figurerait aux dossiers des prévenus et les dissuaderait de récidiver.

— Oui, si on veut. Mais… Ce n'est pas exactement ce qui m'amène.

Sa bouche se contracte. Sylvie se tord les mains avant de poursuivre d'une voix hésitante :

— Hier, je suis allée à Lorient. J'ai déjeuné chez une copine de fac, puis nous sommes allées faire du shopping. Aline, ma copine, est très fringues, en tout cas plus que moi, et, au bout d'un moment, j'ai décroché et je l'ai laissée dans le rayon femme pour me rendre dans celui des enfants. Et là, devine qui j'ai vu en train de choisir des sous-vêtements ?

— Le pédophile.

— Non, sa femme ! Je ne l'avais pas revue depuis, mais je suis certaine de ne pas me tromper. Je me suis éloignée pour observer son manège. Au début, j'ai pensé qu'elle regardait seulement ces petites culottes mais, quand elle en a pris plusieurs et est passée en caisse, je me suis mise à trembler. Je n'ai pas fermé l'œil de la nuit, à l'idée qu'un gamin soit tombé entre leurs griffes. Ce matin, je me suis souvenu d'avoir vu ta photo dans le journal il y a quelques mois, lors de ton arrivée en poste à Concarneau. Je me suis dit : si quelqu'un peut m'aider, c'est Maxime.

Je me lève et arpente la pièce, en proie à une grande réflexion. Il est déjà arrivé que l'on me sollicite pour faire sauter une contravention ou une babiole de ce genre, mais jamais encore pour un motif aussi sérieux. Toutefois, sans mettre en doute la parole de Sylvie, il est possible que cet achat de slips soit simplement fait à l'intention d'un petit cousin, d'un neveu, ou d'un… Non, pourtant. Un parent achèterait les dessous de sa progéniture sans faire appel à une tante, aussi proche fût-elle.

— Je dois avouer que c'est troublant. Comment se nomme ce couple ?

— Lucien et Clotilde Chauveau.

— Profession ?

— Lui est architecte ; elle, ne travaille pas. Elle a une formation de décoratrice d'intérieur, mais il faut croire que les revenus de son mari suffisent. Ils habitent Le Rouz.

— Je vais voir ce que je peux faire. Cependant, tu imagines bien que je ne peux pas demander une perquisition simplement parce qu'elle a acheté des culottes. Mais je te promets de mener ma petite enquête.

— Tu me tiens au courant ?

— Bien sûr. Tiens, je te donne mon numéro de portable.

J'en griffonne les dix chiffres tandis qu'elle farfouille dans son sac à main et en retire une carte de visite qu'elle me tend. Au passage, je remarque qu'elle a joint à son nom de jeune fille celui de Rupert.

— Outre ton époux, qui est monsieur Rupert ?

Elle sourit tristement avant de répondre :

— Guillaume Rupert, infirmier à domicile. Le divorce n'a pas été prononcé, mais nous ne vivons plus ensemble depuis deux ans.

— Navré, je…

— Tu n'as pas à t'excuser, ce sont les aléas de la vie. Encore heureux que nous n'ayons pas d'enfant.

Elle se lève et murmure en endossant son blouson :

— Je suis contente de t'avoir revu. A bientôt, Maxime. Et merci pour le café.

Un qui se trouve copieusement désappointé, c'est le gars Maxime ! Comme si je n'avais pas assez de boulot comme ça, entre le vol d'œuvres d'art et le meurtre, il va aussi falloir que je surveille les agissements de l'architecte et de sa femme. Ne possédant pas le don d'ubiquité, il me faudra compenser par une accumulation d'heures si je veux mener de front ces trois affaires…

*

*   *

Quand le vin est tiré il faut le boire, dit le proverbe. Je le fais mien et ne retourne pas me coucher après le départ de Sylvie. Ce n'est évidemment pas l'envie qui me manque de plonger dans les draps mais, malgré le manque de sommeil, je me sens en forme. Depuis mon bureau, j'appelle le légiste Valmont que je n'avais pu joindre à huit heures. Je lui soumets l'idée du croc et le médecin reconnaît que cette possibilité n'est pas à écarter. Néanmoins, il préfère se livrer à certains tests avant de confirmer. Je contacte ensuite Yves Perrot à Nantes.

— Alors, les zonzons t'ont refilé un renseignement intéressant ?

— Un peu, oui ! Ça te dit quelque chose, Olivier Lamingue ?

— Oui, une petite fripouille sans envergure.

— C'est ça. Olivier Lamingue a appelé Laurent Guder à Concarneau hier à neuf heures quarante-six, soit environ deux heures trente après l'accident. Je suis persuadé que Lamingue était au volant de la BMW dans l'accident qui a coûté la vie à Richard Berthou. Lamingue s'en est sorti et a déserté les lieux au plus vite. Il a sans doute fait du stop et s'est rendu au centre de Nantes. De là, les zonzons sont formels, il a téléphoné à Guder, vraisemblablement pour que celui-ci vienne le chercher et le rapatrie à Concarneau. En tout cas, je vois ça comme ça.

— Moi aussi... Ça se tient... En revanche, je ne connais pas ce Guder.

— Justement, ça te dirait de faire sa connaissance ?

— Explique.

— Je ne vais pas venir à Concarneau pour interroger cet homme, ça me boufferait ma journée et je suis débordé. Comme disent les jeunes, je suis surbooké. Je me disais que tu aurais peut-être pu te rendre chez lui à ma place... Ne t'inquiète pas pour l'aspect légal, je me suis arrangé avec le juge pour qu'il délivre une commission rogatoire que tu vas recevoir sous peu par fax.

— Je constate que tout est déjà organisé. T'es chié, toi ! Tu crois que moi je ne suis pas débordé ? Bon, c'est mon jour de bonté, je m'en occupe.

— Sympa, Max... J'ai récupéré sur Berthou un carnet avec bon nombre d'adresses sur Nantes et sa région. Il doit s'agir des clients chez lesquels ils devaient déposer les cassettes et je vais chercher de ce côté.

— O.K. Mais il est prévisible que les clients attendaient leur livraison pour hier matin et que l'accident a foutu le bordel dans l'organisation...

— C'est sûr, toute la filière doit se tenir sur ses gardes. Lamingue n'en sera que plus difficile à repérer. Pour l'instant, je n'ai pas averti la presse de cet accident et j'ai donné des consignes pour taire l'identité de la victime.

— Bien joué. Je te souhaite bon courage pour la suite. Je te préviens dès que j'aurai vu Guder. Ciao.

La fête continue ! Je vais embaucher, à ce rythme-là ! Pour couronner le tout, le téléphone sonne. Je crains une nouvelle avalanche de travail...

— Un appel du commissariat de Versailles, annonce le standardiste.

— Passez-le moi.

Il s'exécute et une voix forte à l'accent alsacien m'agresse le tympan.

— Ici le lieutenant Schmitt. Je vous appelle au sujet d'œuvres d'art volées dans votre région il y a peu. Nous avons interpellé un brocanteur chez qui nous avons trouvé des objets inventoriés au fichier national et correspondant à votre description.

— Génial ! Attendez une seconde.

J'attrape le dossier dans lequel j'ai consigné mes constatations lors du cambriolage du manoir et y prélève les dépositions et les photos des tableaux disparus.

— Voilà, j'y suis. Dites donc, vous avez fait fissa ! Le vol remonte seulement à trois jours.

— Nous avons eu beaucoup de chance. Depuis quelques mois, on suspectait un brocanteur de vendre des marchandises d'origine douteuse. Nous avons observé ses allées et venues et, quand nous avons été certains de notre coup, nous nous sommes décidés à le sauter.

— Félicitations. Aucun tableau n'a été vendu entre-temps ?

— Il n'y a pas de tableaux, capitaine. Seulement des bibelots et de l'argenterie.

— Curieux, ça ! Peut-être ont-ils déjà été revendus. J'avertis les propriétaires et… Tant que j'y suis, y avait-il une sculpture polychrome de près de deux mètres d'un Christ en croix ?

— Non, je n'ai rien qui ressemble à cela.

— Tant pis. J'imagine que vous poursuivez l'enquête ?

— Oui, nous n'en sommes qu'au début.

— Je comprends. S'il s'avère que les cambrioleurs sont de Bretagne, plus précisément du Finistère, je souhaiterais être prévenu.

— Pas de problème, capitaine. Je vous ferai un topo complet dès que j'en saurai un peu plus.

— Entendu. Merci.

Mon collègue de Versailles vient de me tirer une épine du pied, et je peux maintenant me consacrer à une seule enquête. Je passe le reste de la matinée à téléphoner aux résidants du manoir pour les avertir du prochain retour de leurs biens, puis à la gendarmerie de Pont-Aven. Tous me félicitent alors que je ne suis pour rien dans l'arrestation du brocanteur. Cette affaire étant sur le point d'être close, même si les voleurs courent toujours, il me prend l'envie de souffler un peu. Je m'accorde un café et vais saluer les lieutenants. Ils sont habituellement trois à se partager le même bureau, mais seulement deux sont présents lorsque j'y pénètre : le jeune David Fournot et Luc Pallas, un méridional fort en gueule. Plus âgé, il intimide Fournot et distille de petites piques qui font qu'il n'est pas tellement apprécié dans le service. Seuls, deux hommes échappent à ce qui confine au harcèlement moral : le commandant Bernier et moi. Je le soupçonne de ne pas pouvoir m'encaisser, mais mon grade lui impose sinon le respect du moins le silence. Le sudiste tend une main molle et jette un œil vers la fenêtre.

— Et encore de la flotte ! Il pleut tout le temps dans ce pays.

Il connaît mon attachement à la Bretagne et a trouvé ce biais pour m'asticoter sans en avoir l'air... Comme je ne relève pas, il ajoute :

— Je me demande ce que je suis venu faire ici. J'aurais mieux fait de demander Paris, ça n'aurait pas été pire.

Cette affectation loin de son Sud natal est, en fait, une punition à la suite d'une boulette qu'il aurait commise lorsqu'il était à Lyon. Je pourrais le lui rappeler, mais je ne suis pas cruel et préfère le remettre en place gentiment. Lançant un clin d'œil à Fournot, j'entreprends de sortir puis me ravise :

— Tu l'as dit, c'est un temps pourri. Au fait, ça a donné quoi, hier soir, Marseille-Lens ?

Plus encore que la question en elle-même, mon ton détaché le surprend. Il rougit et bafouille :

— Je ne sais pas. Je n'ai pas lu le journal ce matin.

Moi non plus, mais j'ai écouté la radio dans la voiture au moment d'un flash info. Je cueille le journal sur le bureau et cherche les pages sportives.

— Voyons... Ah, ici. Marseille-Lens remis. L'arbitre de la rencontre a décidé de reporter le match en raison des conditions de jeu. En effet, il pleuvait des cordes sur le Vélodrome. Ce match, comptant pour la trente-deuxième journée de championnat sera joué ultérieurement, la date restant à fixer. Eh bien,

Pallas, tu ne manques pas d'air ! Attends que je vérifie… Oui, Guimgamp-Lyon, Lorient-Bastia et Rennes-PSG se sont déroulés normalement.

— Tu parles ! Pour une fois qu'il pleut à Marseille.

— Pour une fois, oui ! ironise Fournot.

— Faut pas confondre un orage avec…

— Mais bien sûr ! coupe David. Tu as déjà vu des orages qui durent trois jours, toi ?

Le méridional rend les armes face à ses deux adversaires, mais riposte néanmoins comme dans un ultime sursaut :

— Et l'expression « crachin breton », ce n'est pas moi qui l'ai inventée !

— C'est ça, t'as raison, soupire le jeune lieutenant.

— Sûrement que j'ai raison !

Il commence à m'énerver, le gars du Midi. On travaille en équipe et il est impensable qu'une ambiance détestable s'instaure. Jusqu'ici, j'ai réussi par l'humour à décongestionner des situations parfois tendues et il est hors de question que le climat se dégrade. Dans le cas présent, je pressens qu'il va falloir une fois de plus mettre les points sur les i avant que cela ne dégénère.

L'essentiel étant de préserver l'amour-propre de chacun, tout en indiquant clairement que les limites sont atteintes, je dis d'un ton las :

— T'es lourd, Pallas. Arrête !

Il va pour renchérir mais, devinant à mon expression qu'il doit cesser son petit jeu, il hausse les épaules et feint de se concentrer sur son ordinateur.

Fournot m'adresse le V de la victoire et un sourire de connivence et je les laisse pour rallier mon bureau. Avant midi, j'ai le temps d'interroger le patron du “Danichlo”, s'il est rentré de mer…

La pluie s'est transformée en crachin. Je marche d'un bon pas. Les mains dans les poches de mon blouson, la tête dans les épaules, le visage déconfit, je me fais l'effet d'un bull-dog en quête d'un os. Si je me voyais dans une glace, je crois que je me ferais peur. Je me force quelque peu pour répondre d'un signe à l'hôtesse de l'Office du Tourisme qui me sourit derrière sa fenêtre. Nous habitons la même rue, celle de mon appartement, pas celle de la maison de Murielle, et il nous est arrivé d'échanger quelques courtoisies. Elle est, selon l'inégalable madame Sellin, célibataire, et j'ai senti que je ne la laissais pas indifférente. A un moment, j'aurais pu pousser mon avantage, mais les mollets de campeur, les cratères de vérole mal soignée, la voix éraillée et les vingt kilos de trop font qu'elle ne correspond pas à mes critères de sélection. De toutes façons, j'ai Murielle. Et pour une perle, elle se pose là, Murielle ! Bien faite, sympa, elle est née pour rendre un homme heureux. De plus, elle se défend bien côté cuisine et tient sa maison impeccablement. A ces qualités s'ajoutent un sens de l'humour certain et une bonne humeur de tous les instants.

D'évoquer ma compagne me fait parvenir au ponton dans un bon état d'esprit. L'absence du "Danichlo" n'est pas pour m'étonner, car je suis un éternel malchanceux et le contraire m'aurait stupéfait. Du reste, la présence de ce bateau n'aurait pas signifié celle de son patron, si j'en juge aux autres embarcations présentes mais désertes. J'hésite entre retourner au poste et prendre mon mal en patience quand le bruit d'un moteur attire mon attention. En provenance du quai est où il a vraisemblablement débarqué sa pêche, si j'ai bien assimilé le fonctionnement portuaire, le "Danichlo" arrive dans ma direction. Il faut peu de temps au marin pour rejoindre le ponton, amarrer son embarcation et remonter à bord stopper le moteur.

De taille moyenne, costaud, il porte barbe et moustache mal voire pas du tout entretenues et, sur la tête, un paquet de cheveux qui n'ont assurément pas connu le peigne depuis belle lurette. Il semble contrarié par ma présence, marmonnant entre ses dents et prenant garde d'éviter mon regard.

Il me montre un pouce signifiant qu'il en a pour une minute, mais il lui en faut finalement cinq avant qu'il ne saute sur le ponton. Un panier en osier à la main, dans lequel j'aperçois deux magnifiques soles, il me toise, se demandant visiblement ce que peut bien lui vouloir cet inconnu. Lorsque je lui expose le motif de ma visite, le marin se décontracte et explique :

— Ah, c'est ça ! Je suis resté toute la matinée à me demander qui me faisait signe ce matin. Et pourquoi, aussi ! Quand c'est que…

— Dans la nuit de lundi à mardi, entre quatre et cinq heures. Nous savons que vous êtes rentré vers cette heure-là et que vous êtes allé à ce ponton sans passer par le quai est.

Qu'un policier connaisse son emploi du temps ne lui plaît pas. Il se rembrunit et, sur la défensive, ne profère plus un mot. C'est vrai que j'ai été maladroit : j'aurais mieux fait de me taire et de le laisser parler. Mais non, comme un benêt, j'ai mis les pieds dans le plat, du style « je sais ceci, je sais cela, alors pourquoi… ». Dans le genre blaireau, demandez Maxime Moreau ! Pour tenter de récupérer le coup, je décide de procéder par questions amenant des réponses simples et je mets dans ma voix ce qu'il faut pour montrer que je ne suis pas là pour rigoler. Je me méfie de ce style de gaillard, têtu comme une mule et capable de se taire ou de répondre n'importe quoi pour m'enquiquiner et se débarrasser de moi au plus vite. Je sens que le marin n'apprécie pas spécialement les représentants de ma profession. L'idée de me jouer un bon tour dont il se vantera plus tard à ses amis ne serait pas pour lui déplaire.

— A quelle heure êtes-vous rentré de mer mardi matin ?

— Quelque chose comme quatre heures, quatre heures et demie.

— Pourquoi n'avez-vous pas débarqué votre pêche au quai est ?

— Ben, parce que j'avais rien pêché !

Le ton est arrogant et je fais mine de ne pas m'en apercevoir.

— Où avez-vous laissé votre bateau ?

— Là, comme d'habitude, dit-il en désignant le ponton.

— J'ai pourtant un témoin qui dit vous avoir vu vous dirigeant vers la cale aux Voleurs.

Sa bouche se tord en un rictus. Je suis certain que, s'il tenait ce témoin entre ses solides paluches, il lui ferait passer un sale quart d'heure. D'être espionné n'est pas compatible avec son tempérament. Il gratte furieusement sa tignasse et explique :

— J'avais une panne d'enrouleur, c'est pour ça que je n'ai rien pêché. En arrivant au port, je suis allé à la cale aux Voleurs pour le démonter et le poser à terre. Et après, j'ai amarré le "Danichlo" à sa place. J'ai chargé l'enrouleur dans mon coffre de voiture et je suis rentré chez moi.

— Quelle heure était-il alors ?

— Pfou ! Cinq heures et demie, peut-être. J'ai pas fait gaffe.

Il s'énerve au gré de mes questions, montrant des signes d'impatience. Officier de police ou pas, il serait, je présume, tout à fait capable de m'expédier sur les roses et de me planter là. Je continue d'une voix calme mais néanmoins ferme :

— Avez-vous vu quelqu'un sur le quai ?

Il réfléchit un instant et jette, narquois.

— Demandez à votre témoin ! S'il m'a vu, il a bien dû voir si y'avait quelqu'un d'autre, non !

— Je l'ai fait et je désire connaître votre version.

Il espérait me désarçonner et clore la conversation sur sa répartie. Malheureusement pour lui, je ne suis pas né de la dernière pluie et il en faudrait beaucoup plus pour me déstabiliser. Entendant lui démontrer que je ne lâcherais pas prise aussi facilement, je le presse :

— Avez-vous, oui ou non, vu quelqu'un cette nuit-là à proximité de la cale aux Voleurs ?

Dansant d'un pied sur l'autre, sa main droite allant successivement de sa chevelure hirsute à son sexe qu'il malaxe nerveusement à travers le pantalon, le marin se lance dans une guerre de regards que je soutiens sans faillir. Rapidement vaincu, l'homme hisse le drapeau blanc et grogne :

— J'ai vu personne. Y'avait pas un chat à c'te heure-là.

Retour case départ. Si je dresse la liste des personnes d'ores et déjà interrogées, il est incroyable de constater que nul n'a vu quoi que ce soit. De penser aux heures passées à la recherche du moindre témoignage, aussi insignifiant soit-il, me donne le tournis. D'imaginer les questions maintes fois posées pour obtenir immanquablement les mêmes réponses négatives me flanque la nausée. Je me sens soudain las et découragé.

Je me suis tourné vers la Ville Close et le marin a profité de cette courte période de désappointement pour filer à l'anglaise. Tant qu'il est encore à portée de voix, je l'interpelle et m'enquiers :

— Au fait, c'est quoi votre nom ?

Comme il hésite à me le donner, je précise :

— C'est pour mon rapport.

— Segrais. Claude Segrais.

Puis il reprend sa marche et gagne sa voiture, la dernière née de chez Peugeot. Il s'y engouffre après avoir placé le panier contenant sa godaille dans le coffre. Sans laisser au moteur le temps de chauffer, il démarre d'un coup d'accélérateur rageur et pousse la première à en faire rugir le moteur. Je crois que j'ai bousillé sa journée.

VIII

Une fois n'étant pas coutume, j'aurais bien fait une sieste après le repas. Enfin, si l'on considère comme repas deux œufs durs, un morceau de fromage et une orange, ingérés debout dans la cuisine. Je croyais avoir faim, mais ces aliments ont suffi à me rassasier. Je sens une boule me peser sur l'estomac, je sais qu'elle disparaîtra seulement quand l'assassin sera sous les verrous.

Les phrases du permanent de l'association Gouelia me reviennent en mémoire : « C'est vivant un port, il y a du monde à passer sur le quai. Même la nuit. » Dans ce cas, il a fallu que la bagarre, la strangulation et la poussée dans le port se soient déroulées en un laps de temps extrêmement court. Cette partie du quai n'est pas la plus fréquentée la nuit, certes, mais il y avait quand même pour l'assassin un risque énorme de se faire surprendre par un témoin. En tenant compte de ces éléments, je ne retiens que deux possibilités : soit l'assassin n'a pas eu le choix et a dû agir dans l'urgence, soit il ne disposait pas de toutes ses facultés et n'avait pas mesuré l'étendue de son geste. Ce qui pourrait signifier l'acte d'un déséquilibré ou d'un individu sous l'empire de l'alcool ou de la drogue. Marc Pagel ne connaissant personne à Concarneau, qui donc aurait eu intérêt à l'occire ? J'ai beau remuer le problème dans tous les sens, nulle réponse logique ne me vient à l'esprit. La thèse du fou semble finalement aussi crédible qu'une autre.

Ma dernière gorgée de café avalée, je décide de rallier le poste. Je me souviens d'avoir vu que Moysan, un agent en poste depuis plus de vingt ans et qui plus est natif de Concarneau, travaille ce jour. Peut-être pourra-t-il me faire la liste des maboules en liberté ? De cette conversation pourrait naître une piste un tantinet sérieuse.

L'horloge n'indiquant pas treize heures, la plupart des bureaux sont déserts. De celui des lieutenants dont la porte est exceptionnellement fermée s'élèvent de temps à autre les organes de Pallas et Journot, entrecoupés de cris et protestations d'un troisième que je n'identifie pas. Je suis certain que ce vicieux de Pallas prend un plaisir immense à torturer mentalement ses contemporains. Je ne voudrais pour rien au monde être à la place du type qu'ils interrogent.

L'entretien avec Moysan au sujet des "neuneus" n'a rien donné. L'agent a cité une demi-douzaine de noms qui, après vérifications, se sont révélés indignes d'intérêt : trois se signalent par une tendance excessive à exhiber leurs parties génitales à leurs voisines ou à se balader à poil sur les plages ; Le quatrième voue une forte vénération aux pompiers et s'amuse à mettre le feu à des containers de poubelles et autres broussailles pour les voir à l'œuvre. Qualifié de débile mental moyen, il a poussé le vice jusqu'à incendier son matelas et c'est sa mère, en rentrant des courses, qui a alerté les secours alors que ce dingue regardait tranquillement la télévision. Les deux derniers, des violents, sont actuellement internés. Un appel à l'hôpital psychiatrique m'a assuré de leur actuelle présence, là-bas, ainsi qu'au moment du crime.

Derrière la cloison, les vociférations se sont calmées. J'en déduis que Fournot, et surtout Pallas, sont parvenus à faire entendre raison à leur client. Le téléphone sonne et l'ADS me passe Valmont.

— Juste deux petites choses, capitaine Moreau, fait le légiste. J'ai pratiqué le prélèvement sanguin que vous demandiez à fin de comparaison avec vos bâtonnets. Voilà pour le premier point. Pour le second, votre homme a bel et bien reçu deux coups de croc, portés de haut en bas. Il m'est, en revanche, impossible d'affirmer quelle blessure fut la première, mais je pencherais pour le mollet, dans le but d'empêcher la fuite de la victime.

— Logique.

— Pour le second, dans le dos, le fait que l'impact soit sur le côté droit peut sous-entendre qu'il n'y avait pas le désir de tuer mais de blesser. Ceci évidemment à condition que la victime n'ait pas bougé au dernier moment. Or, la douleur consécutive au coup de croc dans le mollet, si elle était la première, infirme cette hypothèse.

— Ça se tient. En clair ?

— En clair, nous connaissons l'arme de l'agression mais cela s'arrête là. A vous de jouer, Moreau.

Il en a de bonnes, Valmont ! C'est vrai, qu'il a fait son travail en faisant parler le cadavre : à moi maintenant de faire le mien. J'ai à peine reposé le combiné que celui-ci se remet à m'apostropher de sa sonnerie aigrelette.

Cette fois, l'ADS m'apprend que j'ai Versailles au bout du fil.

— Re-bonjour, capitaine. Ici le lieutenant Schmitt.

Bien sûr que je l'ai reconnu, avec son accent si particulier ! Ces gens de l'est de la France, on a toujours l'impression qu'ils ont un morceau de kouglof dans la bouche et qu'ils s'entêtent à parler avant de le déglutir. Un jour, il conviendrait de leur dire de ne pas parler la bouche pleine.

— Oui, je vous situe. Vous avez du nouveau ?

— Sur l'enquête elle-même non... Par contre, je suis dessaisi d'une partie de l'affaire car le vol a été commis dans votre région. Je vais vous faxer les portraits-robots des hommes ayant apporté ces œuvres chez le brocanteur. Je n'ai malheureusement pas leur identité.

Des coups discret à la porte attirent mon attention. La main sur le micro, je prie d'entrer. Pierre-Édouard de Vitreux s'exécute mais, soucieux d'accorder une certaine confidentialité à ma conversation téléphonique, simule une sortie. Tout en lui faisant signe de laisser la porte ouverte et de patienter, je poursuis ma conversation avec l'Alsacien.

— Le receleur a-t-il vu leur véhicule ?

— Il n'est pas formel sur ce point. Il croit qu'il s'agit d'une Renault Laguna. Quant à la couleur, comme il faisait nuit, il l'ignore. Idem pour la plaque d'immatriculation.

— Dommage. Si vous apprenez un détail intéressant, prévenez-moi.

— Je n'y manquerai pas, capitaine. Concernant le retour des objets récupérés chez le receleur, vous voyez ça comment ?

— Je ne sais pas encore, soupiré-je. Je contacterai les propriétaires pour programmer ce transport dès que je le pourrai. Il n'y a pas urgence, elles sont en lieu sûr.

— Rien à craindre sur ce plan-là, capitaine. J'attends vos instructions et je vous transmets les portraits.

— Merci.

Pierre-Édouard est resté debout, les yeux fixés sur la carte du Finistère punaisée sur le mur derrière moi. Je propose une chaise au baron. Je remarque qu'il s'est à nouveau vêtu avec goût et a troqué ses effets passe-partout pour un pantalon de lin et une veste d'alpaga sur une chemise Lacoste. Un foulard Hermès remplace avantageusement l'écharpe vue précédemment. Il est prévisible qu'il a dû défrayer la chronique sur les trottoirs concarnois et que plus d'un s'est retourné sur son passage.

— J'ai décidé de ne plus me cacher, dit-il, démontrant ainsi qu'il a deviné ce que je pensais. Avec le décès de Marc, je trace une croix sur l'existence du Vieux Pierrot et tant pis si ma belle-famille me retrouve. Après tout, cela fait si longtemps ! Ils m'auraient retrouvé s'ils m'avaient vraiment cherché. Et, après tout ce temps, il y a prescription. Je viens voir si votre enquête progresse.

— Très peu, malheureusement. Je sais qu'avant de mourir, Pagel a reçu deux coups d'un outil utilisé par les professionnels du port. Ceci oriente mes investigations vers le milieu maritime mais, pour l'instant, je fais du surplace.

De Vitreux de Barnac plonge une main dans la poche intérieure de sa veste et en sort une liasse conséquente de billets de cent euros qu'il pose sur le bureau. A vue de nez, il y en a cinquante. Je regarde l'argent puis le fixe durement, en quête d'une explication.

— Je sais le mal que vous vous donnez. En partant du principe que tout travail mérite salaire, voici cinq mille euros. Je vous en offrirai autant quand vous aurez coincé l'assassin de Marc.

Je ne m'y attendais pas, à celle-là ! Je marque le coup deux secondes avant de répliquer :

— Vous faites fausse route, monsieur de Vitreux. Je ne mange pas de ce pain-là.

— Je ne doute pas de votre intégrité, mais considérez ceci comme une prime en remerciement de…

— Je me permets de refuser, dis-je en repoussant la liasse. L'administration me rétribue déjà pour faire mon job.

— Prenez, insiste-t-il. J'y tiens !

— Pas moi. Cela fausserait notre relation. Rempochez votre argent avant que je ne sois contraint d'avertir la justice de votre procédé.

Il me dévisage, se demandant si j'en serais capable. Il doit trouver la réponse à cette question car il reprend la liasse et murmure :

— Pardon. Pardon et merci pour ce que vous faites.

Un silence gêné s'installe dans la pièce. L'intrusion d'un agent amenant une volée de feuillets fait diversion et clôt la parenthèse, à notre mutuel soulagement. Conscient de son erreur, le baron évite mon regard. Intérieurement, je sais que ce geste partait d'un bon sentiment. Je ne lui en tiens donc pas rigueur.

— Vous séjournez toujours à l'hôtel de l'Océan ?

— Oui.

— Je vous contacterai lorsque j'en saurai plus. Quand aura lieu l'enterrement ?

— Demain matin, à dix heures trente à l'église.

— Je ferai mon possible pour y être.

Le baron comprend que l'entretien tire à sa fin. Il regrette sa maladresse. Sans un mot, il se lève et quitte la pièce. J'entends son pas décroître dans le couloir puis dans l'escalier. Un instant, je suis sur le point de courir à sa suite et de lui dire que je le pardonne et comprends son intention même si elle heurte mes principes. Finalement, je ne bouge pas, estimant que cela lui servira de leçon.

J'allume une cigarette, tire quelques bouffées en pensant que cette saleté limite ma respiration lorsque je plonge en apnée, puis attrape les feuilles apportées par l'agent. Il s'agit du rapport du lieutenant Schmitt. Je vais chercher un café avant d'en entamer la lecture. A vrai dire, seule la partie inhérente à l'affaire Derbain requiert ma totale attention. Le reste est bien monotone et, s'il y avait eu une page de plus, je crois que je m'endormirais. Mes paupières se font de plus en plus lourdes et je suis bien content lorsque j'en ai terminé. Je réprime un bâillement et referme le rapport quand je tombe sur les portraits-robots. Et là, je fais un bond en comparaison duquel les sauts du cubain Sotomayor ne sont que des sauts de puce. L'un des deux hommes décrits par le brocanteur est Richard Berthou, celui qui a passé l'arme à gauche lors de l'accident de Nantes ! Sur son ordinateur, le technicien de la PTS a fait preuve d'un grand talent, car j'ai vraiment l'impression de me trouver face à une photographie du malfrat. Sachant qu'il n'y a plus à chercher de ce côté, je me penche sur le second portrait. Il s'agit effectivement de Lamingue. La quarantaine, le cheveu rare, un visage émacié à l'extrême, des traits rudes, sans harmonie, et une coquetterie dans le regard. Bref, le genre d'homme que nulle femme sensée ne voudrait dans son lit.

Ce nouvel élément risque de modifier mon emploi du temps, car je vais devoir délaisser momentanément l'affaire Pagel pour tenter de localiser Lamingue. Histoire de ne pas abandonner complètement cette instruction, je décide de réquisitionner l'assistance des plongeurs des pompiers afin qu'ils sondent le port à la recherche du croc. Qui sait, le tueur l'a peut-être jeté une fois son forfait accompli ? Je faxe ma requête au centre de secours et, pour information, en avertis le procureur. Puis je me renseigne sur les pedigrees de Berthou, Lamingue et Guder. Je suis en train de noter les adresses des deux premiers quand mon téléphone sonne. L'appel émane du juge d'instruction de Nantes qui me demande de procéder à la fouille du logement de Berthou.

— Il me faudrait une commission rogatoire, monsieur le Juge, pour faire ouvrir et fouiller l'appartement de Berthou.

— Vous l'avez. Je vous la fais parvenir immédiatement. Vous touchez au but ?

— L'arrestation de Lamingue dépendra du temps que nous mettrons à le localiser. Il est impossible de fixer un délai.

— Bien. Je compte sur vous, Moreau.

C'est beau, cette confiance aveugle. Entendant la porte du bureau des lieutenants s'ouvrir, j'en profite pour m'y rendre. Pallas vient d'en sortir et descend l'escalier en compagnie d'un quidam menotté.

— Comment va ?

— Impec ! répond David resté seul. Le suspect a avoué le cambriolage du tabac. Luc est parti le coffrer.

— Ça tombe bien, j'ai besoin d'un coup de main.

— Je t'écoute.

— J'aimerais que tu montes une planque chez un certain Olivier Lamingue pendant que Pallas en monte une autre. Voilà ton homme.

— Charmant ! commente-t-il en observant le portrait.

— Méfie-toi. Il se sait recherché et est peut-être dangereux. En aucun cas, tu n'interviens. Contente-toi de noter ses allées et venues. Je te relève au plus vite. Tu connais un serrurier ?

— Oui, et un bon en plus ! Tu as paumé tes clefs ?

— Non, j'ai une perquis' en vue. Comment s'appelle-t-il ?

— Philippe Salou. Attends, j'ai son numéro quelque part… Ah, voilà.

Je joins l'artisan depuis le bureau des lieutenants et nous prenons rendez-vous.

Comme je raccroche, Luc Pallas réintègre sa place en sifflotant.

Les aveux du casseur l'ont mis de bonne humeur, chose extrêmement rare.

— Laurent Guder, ça te dit quelque chose ?

Il me regarde, fait non de la tête et répond sur un ton exceptionnellement guilleret :

— Ça devrait ?

— Je ne sais pas vraiment. Il est probable qu'il se soit rendu à Nantes hier, pour aller récupérer Olivier Lamingue, l'auteur de l'accident de la circulation dans lequel Richard Berthou a trouvé la mort. Les zonzons assurent que Lamingue a contacté Guder par son portable. J'ignore les liens qui les unissent, mais Guder a peut-être fait le déplacement. A l'heure qu'il est, Lamingue ne se sait pas identifié mais doit quand même se méfier. Guder, par contre, n'a rien à se reprocher sur ce coup-là et doit se comporter normalement. Du reste, ça fait longtemps qu'il n'a plus tremper dans une affaire louche. Ça m'aiderait que tu le loges.

— C'est dans mes cordes.

— Je te contacte par radio dans deux heures environ.

*

* *

Cité de Kerandon, le serrurier m'attend au volant de son fourgon sur la place du Marché. Docile, il me suit vers l'immeuble Les Noisetiers en portant sa caisse à outils.

Dans la seconde cage d'escalier, la boîte aux lettres indique que Berthou demeurait au troisième étage.

Dès le premier, le rez-de-chaussée étant occupé par des commerces, je frappe à l'une des deux portes qui se présentent à moi. Personne ne répondant, j'opère de même sur l'autre. Une jeune femme, un bébé dans les bras, ouvre rapidement. Négligée et mal fagotée, elle pourrait être jolie si elle s'arrangeait un minimum.

— Bonjour Madame… Je suis officier de police et monsieur Salou est serrurier. Connaissez-vous Richard Berthou ?

— Oui, il habite au troisième.

Elle va pour refermer mais je la stoppe dans son geste.

— Attendez. Monsieur Berthou a perdu la vie hier dans un accident de la route. Pour mon rapport, j'ai besoin de pénétrer chez lui.

Comme elle ne comprend pas où je veux en venir, je clarifie mon explication :

— La loi m'oblige à requérir la présence de deux témoins pour perquisitionner. Acceptez-vous de m'accompagner ?

— Il y en a pour longtemps ?

— Non, je ne crois pas. Vous pensez à votre bébé ?

— Oui. Il a son biberon dans une demi-heure et...

— J'en aurai terminé. Vous venez ?

Elle dit oui, attrape ses clefs et grimpe à notre suite. Salou a tôt fait de déverrouiller la serrure et repousse la porte théâtralement. Il connaît la procédure et me suit, imité en cela par Sabine Joncour, la jeune maman dont j'ai inscrit le nom dans mon carnet pendant que l'artisan œuvrait.

La maîtresse de maison ayant déserté le domicile conjugal en emmenant ses trois enfants, nous découvrons l'antre d'un célibataire, avec tout ce que cela implique : vaisselle accumulée dans l'évier, meubles étouffés sous une couche conséquente de poussière, lit pas fait... L'appartement comporte trois chambres dont deux, celles des enfants, sont maintenues dans la pénombre par les volets fermés et ne comportent en tout et pour tout que des jouets. Lors d'une perquisition, j'effectue toujours une visite d'ensemble afin de tenter de définir le cadre de vie de mon client et par là même son caractère et ses habitudes. Je ne déplace rien ou alors repose avec précision l'objet à sa place initiale. J'ai souvent été frappé par le côté parlant des bibelots et autres souvenirs... Ainsi, j'apprends que Berthou vouait un culte à l'USC, un club de football local. Il conservait précieusement dans une pochette en cuir toutes les coupures de journaux évoquant ce club depuis plus de vingt-cinq années. Un album photo le montre en uniforme de parachutiste et un diplôme d'honneur salue dix années de bons et loyaux services en France comme à l'étranger. Sur un mur de la salle à manger, un cadre tendu de velours rouge abrite les épinettes des différents régiments parachutistes, à côté de deux sabres entrecroisés. Dans le bahut, je débusque un 357 Magnum et une flopée de balles à grenailles. Dans et sur le living, parfaitement alignées, des boîtes et bouteilles de bière de tous les continents. Foot, armée, bière ! Fameux trio.

Des relevés bancaires annoncent une situation financière catastrophique. A la date immuable du cinq ou du six du mois apparaissent dans la colonne crédit son salaire d'ouvrier d'entretien à mi-temps dans une importante société de la ville. Ce qui m'étonne – mais est-ce vraiment une surprise ? – c'est de lire dans la colonne encaissement seulement des virements pour le loyer, l'eau et l'électricité. Nulle trace de retrait par carte ou de règlements par chèque. De là à admettre qu'il payait ses achats en liquide, il n'y a qu'un pas que je franchis allégrement. Il n'est pas nécessaire d'être excessivement futé pour deviner que cette liquidité provenait de magouilles.

Les pleurs du bébé nous indiquent soudain qu'il a faim. Lui parlant tout bas, sa mère essaie de le calmer. Elle lui donne ensuite son petit doigt à téter, mais le nourrisson n'est pas dupe et rien ne calme sa colère : la nature commande. Comme le volume des implorations augmente, je me hâte d'achever mon exploration et nous sortons de l'appartement cinq minutes plus tard. Nous quittant illico, la jeune femme descend l'escalier en quatrième vitesse pour mettre à chauffer le lait de sa progéniture. De son côté, le serrurier change rapidement le barillet de la serrure et nous descendons également.

Je rallie mon véhicule tout en consultant mon portable et y trouve un message de Murielle : elle aimerait que nous allions au restaurant ce soir, pour fêter la date anniversaire de notre rencontre. Certes, cela ne se compte encore qu'en mois, mais c'est là le genre de petites choses auxquelles les femmes accordent beaucoup d'importance. Je tente de la contacter, mais, cette fois, c'est elle qui n'est pas joignable. Normal, elle est à l'hôpital. A mon tour, je laisse un message dans lequel je propose la dégustation d'un plateau de fruits de mer à une table réputée de la ville. Je joins ensuite Pallas qui répond dans la même seconde pour m'apprendre qu'il a logé Guder. Pour obtenir l'information et, comme Moysan, la mémoire vivante du commissariat, était momentanément absent, il a suffi à mon coéquipier d'aller boire un verre chez Anne, au bar du Port. Parmi les clients, la plupart de souche concarnoise, il s'en trouve toujours au moins un pour connaître le quidam recherché. Il me donne l'adresse : l'immeuble Les Ximenias dans ce même quartier de Kerandon. Depuis sa voiture, Luc Pallas me voit arriver et n'en laisse rien paraître, feignant de consulter des paperasses comme le ferait un représentant de commerce. Je sors une cigarette de ma poche, simule le gars qui n'a pas de feu et m'approche de la voiture du lieutenant. Frappant au carreau, je demande :

— C'est où ?

Pallas me tend son briquet et souffle :

— La deuxième entrée, quatrième étage gauche.

— Il y a du monde ?

— Oui, j'ai vu une femme secouer un tapis tout à l'heure. Mais lui, je ne sais pas.

— Allons voir.

Tout en marchant, j'affranchis mon collègue des maigres renseignements en ma possession :

— Il pense n'avoir rien à se reprocher. La dernière ligne de son dossier remonte à loin et il a seulement reçu un appel de Lamingue depuis Nantes.

— Ça devrait se faire en douceur, alors. De toutes façons, ce n'est pas par la fenêtre qu'il risque de se tirer.

Une volée de six marches puis huit volées de huit marches plus tard, je ne tiens pas compte des trois marches extérieures, un coup de sonnette retentit dans l'appartement. Un pas lourd annonce un déplacement avant que la porte s'ouvre sur une matrone de plus de cent vingt kilos, à l'air renfrogné. Il ne doit pas rigoler tous les jours, Guder ! Sa moitié, si j'ose m'exprimer ainsi, se contente pour toute question de fermer un œil et de relever la tête, ce qui a pour effet de faire vibrer son double menton.

— Police… Nous souhaiterions voir votre mari, madame Guder.

Et là, la grosse femme fait un truc comme je n'en ai encore jamais vu faire : elle effectue une sorte de haut-le-corps et cette trépidation lui ramène dans la bouche des aliments qu'elle avait auparavant avalés et sans doute stockés un peu plus bas. Tout bien analysé, ce n'est pas un double menton qu'elle a, c'est une panse !

— C'qu'il a fait ? demande le spécimen en ruminant furieusement ce qui semble être une conséquente part de gâteau.

— Rien de mal, je rassure. Nous voulons simplement lui poser une question concernant un de ses amis.

— Ah ! L'est pas là. Entrez !

Elle a prononcé ce dernier mot sur un ton plus proche d'un ordre que d'une invite. Nous nous préparons à obéir quand nous entendons du bruit dans la cage d'escalier. Cela ressemble à un soufflet de forge.

— C'est lui, fait celle que je classe définitivement dans la famille des bovidés. L'est asthmatique.

Un type maigrichon débouche au bas de l'ultime volée de marches. Une petite moustache barre son visage d'un blanc marmoréen. La bouche ouverte pour capter le maximum d'oxygène, il nous interroge du regard. Il n'est pas question pour lui de parler pour l'instant, au risque de suffoquer.

J'arbore un sourire amical et descends l'aider dans son effort. Il accepte mon bras vigoureux, monte l'escalier tant bien que mal puis me guide vers la salle à manger. Ayant posé ses fesses faméliques sur une chaise, il réclame par geste un verre d'eau que son imposante épouse s'empresse d'aller chercher à la cuisine. Sans savoir pourquoi, j'ai soudain la vision de ce couple en train de commettre le péché de chair. J'imagine la limousine en train de papillonner autour du lit en porte-jarretelles et bas résille passés sur ses varices, tandis que lui, nu comme un ver, la dévore des yeux. L'idée que pareille chose puisse se passer me couvre le corps de chair de poule. Je ferme les yeux, me pince le haut du nez et respire fort à deux reprises pour chasser cette image de mon esprit. Luc s'est aperçu de mon trouble et m'observe. Lui livrer une explication reviendrait à me faire passer pour fou. Mieux vaut me taire ! Pour oublier ce fugace spectacle, je m'approche de la fenêtre. La vue est magnifique depuis cet endroit. De puissantes jumelles fixées sur un trépied donnent à penser que Laurent Guder ou sa pie-noire restent ici des heures et des heures durant à parcourir du regard la ville, le port, les bateaux, la baie et, au loin, les îles Glénan.

La respiration de notre hôte s'est calmée. Il doit se demander qui nous sommes et ce que nous faisons chez lui. Je me retourne, le jauge et annonce :

— Police, monsieur Guder. Vous avez reçu hier matin, vers dix heures moins le quart, un coup de téléphone. De qui émanait-il ?

Je connais bien évidemment la réponse mais je veux tester sa franchise. Du reste, il semble franc du collier car il affirme d'une voix caverneuse et sans changer de couleur ni montrer d'hésitation :

— D'un copain. Olivier Lamingue.

— Que voulait-il ?

— Oh ben, il était emmerdé. Sa voiture est tombée en panne alors qu'il était à Nantes et il voulait que je vienne le chercher.

— Et ?

— On y est allé. Maman est venue avec moi. Hein, maman ?

Denise, alias maman, opine. A son air, je sens que ma présence lui déplaît, mais la tournure de la conversation ne la préoccupe pas. Elle pressent que je m'intéresse exclusivement à Lamingue et que son chéri n'a rien à craindre de cet interrogatoire.

— Comment le connaissez-vous ?

— On travaillait ensemble chez Péron, le menuisier de Lanriec. Olivier était entré comme apprenti, ça devait être en quatre-vingt-deux ou quatre-vingt-trois. J'étais chargé de lui apprendre le boulot. Il s'est attaché à moi et, quand j'ai été mis en maladie, il a continué à venir me voir. C'est un bon copain, alors on est allé le chercher à Nantes. Je n'allais pas lui refuser un service ! Il n'est pas le dernier pour nous donner la main quand on en a besoin.

— Je vois. Où l'avez-vous laissé en revenant de Nantes ?

Sa précédente répartie l'a essoufflé.

L'homme marque un temps de récupération avant de déclarer :

— En ville. J'ai trouvé ça bizarre, mais il a dit qu'il avait rendez-vous. J'ai proposé de l'attendre pour le ramener chez lui, mais il a refusé.

— Pourriez-vous nous accompagner au commissariat pour enregistrer et signer votre déposition ?

— Si vous voulez. Qu'est-ce qu'il a fait pour que vous…

— Rien de terrible. Disons que nous aimerions lui parler. Pendant ce temps, madame Guder, si Olivier Lamingue téléphone, je compte sur vous pour ne pas lui souffler mot de notre visite.

*

*   *

Laurent Guder est monté en voiture avec Luc Pallas. Je préfère déléguer au méridional la partie administrative de l'enquête pour pouvoir poursuivre mes recherches.

J'entre en contact avec Journot, en planque à proximité du domicile de Lamingue. Le jeune lieutenant m'assure que personne ne s'est manifesté depuis qu'il est en poste. Je lui déclare que j'arrive le remplacer. Par chance, je trouve une place rue Dumont d'Urville et rejoins David dans un bar.

Attablé devant une bière, Fournot donne l'impression d'être plongé dans la lecture d'un quotidien spécialisé dans les courses hippiques. Il griffonne de temps à autre un numéro sur un papier puis en barre un autre.

En fait, il s'est admirablement installé : il dispose d'une vue imprenable sur la porte d'accès au logement de Lamingue, un appartement au-dessus d'un commerce.

Avant de m'asseoir sur la chaise lui faisant face, je lui serre la main et, à grand renfort de gestes consistant à consulter ma montre tout en écartant les bras du corps, simule une explication de retard. Ceci a, bien sûr, pour but de donner le change pour le cas où Lamingue serait chez lui et examinerait les abords.

Je commande un café à Jean-Charles, le patron de l'établissement, un type à la tête sympa dont les yeux, derrière des lunettes à monture fine, balayent incessamment le comptoir et la salle pour satisfaire au plus vite les exigences de sa clientèle.

— Personne n'est entré, personne n'est sorti. Ça fait plus d'une heure que je suis là et je commence à avoir des fourmis dans les jambes.

— C'est le métier qui entre ! Quand tu auras planqué autant que moi, parfois pendant des jours et des nuits entières, tu te diras que ce n'est rien, une heure. De plus, tu es bien ici ! Tu peux boire, manger, parler, fumer… Crois-moi, il t'arrivera au cours de ta carrière de monter des planques dans des endroits bien moins confortables que celui-ci.

— Je n'en doute pas. Mais le danger dans un tel lieu est de tuer le temps en avalant bière sur bière. C'est un coup à ramasser une cuite mémorable !

— A toi de te montrer intelligent, en commandant par exemple des boissons sans alcool. Parlons boulot : comment se présente la famille Lamingue ?

— J'ai réussi à obtenir quelques tuyaux : lui, tu connais déjà. Quant à elle, elle est de taille moyenne et porte de longs cheveux châtains. Ils ont deux filles, de dix et douze ans. Personne ne l'a vu de la journée, ce qui peut signifier qu'il est chez lui.

— Finis ton verre, David. Nous allons lui rendre visite.

*

*   *

Lamingue n'est pas dans son appartement. L'aînée de ses filles a ouvert. Poliment, elle nous a expliqué que son papa est en déplacement, suite à un appel de la société de travail par intérim dans laquelle il est inscrit. Il va sans dire que je ne crois évidemment pas cette version donnée aux gamines pour cacher les louches activités de leur géniteur. Quant à la maman, elle est employée chez une vieille dame dont elle s'occupe depuis plusieurs années. Comme d'habitude, elle devrait renter vers dix-neuf heures. Nous la remercions pour ces renseignements et suggérons que nous repasserons dans quelques jours afin de proposer les nouveaux contrats d'assurance de la société que nous prétendons représenter.

David et moi retrouvons la rue Dumont d'Urville et partons en direction des halles. Un coup de téléphone aux zonzons m'informe sur le fait qu'aucun appel n'a été reçu ou passé sur le poste de Lamingue de toute la journée. Cette histoire commence à me peser. Comme une araignée tisse sa toile, je mets en place un dispositif pour appréhender ce cher Lamingue dans les plus brefs délais. Tout d'abord, je charge mon jeune collègue de filer à Kerandon surveiller Denise et Laurent Guder qui ne le connaissent pas. Lamingue est en cavale et j'imagine qu'il doit compter ses amis sur une seule main. Pour ma part, je décide de faire le siège de son domicile. Entre les zonzons et moi, nulle chance de contact entre les époux sans que je n'en sois averti. Je m'éloigne à petites foulées en direction de la place du général de Gaulle.

Contournant un pâté de maison, j'emprunte le parking de la mairie pour arriver rue Laënnec. Frôlant les murs, je reviens jusqu'au bar-tabac qui dispose d'une discrète porte d'accès sur cette rue. Pour tromper l'attente, je commande un nouveau café et remplis une grille de loto.

IX

Comme je le racontais à David Fournot, les planques, ça me connaît. J'en ai monté des dizaines et des dizaines. Ce qui me consterne dans celle-ci, c'est que pendant que je tente de coincer l'auteur d'un accident de la circulation, l'assassin de Marc Pagel court toujours.

Histoire de tromper l'attente, je suis en relation téléphonique avec un officier des pompiers. Il me narre les efforts des plongeurs et annonce la suite des fouilles pour demain matin huit heures. La visibilité au fond de l'eau est quasiment nulle du fait de la vase et ils n'ont trouvé que des caddies, des vélos, des mobylettes sans doute volées et une portière de voiture. Je remercie le lieutenant, coupe la communication et continue de ronger mon frein.

De temps à autre, Jean-Charles me lance un regard interrogatif. Pour ne pas éveiller les soupçons, je finis par commander une bière : je ne voudrais pas risquer une overdose de café.

Je sais que la soirée au restaurant est dans le sac, aussi j'appelle Murielle pour m'en excuser. Elle râle un peu, pour la forme. En femme intelligente, elle conçoit que cet empêchement n'est pas de mon fait. Je lui promets en échange un week-end de rêve, ce qui la réconforte quelque peu. Quand j'annonce que je prévois de rentrer vers vingt-deux heures, elle déclare qu'elle m'attendra, douchée, parfumée et en tenue légère. Ce programme m'émoustille. Elle s'amuse et trépigne d'impatience en entendant l'énumération non exhaustive des plaisirs que je lui prédis. Lorsqu'elle raccroche, je suis persuadé qu'elle ne m'en veut plus du tout. J'ai parlé tout bas mais mon voisin de table, un homme d'un certain âge, n'a rien raté de ma conversation. Il m'adresse un clin d'œil de connivence et lève son pouce.

La petite Lamingue n'a pas menti, car sa maman arrive effectivement peu après dix-neuf heures.

Comme précédemment décrite par Fournot, elle porte les cheveux longs. Je suis frappé par son visage las et triste. Elle est vêtue d'une manière classique, sans luxe ni chichi. Avant d'introduire sa clef dans la serrure de la porte, elle balaie des yeux les abords. Cette attitude qui aurait pu passer pour de la curiosité ou une habitude solidement ancrée est révélatrice pour le flic qui l'épie. J'hésite sur la conduite à tenir et suis sur le point de traverser la rue, mais mon petit doigt me suggère d'attendre et de voir venir.

Il y a pas mal de clients dans le bar, la plupart d'entre eux se retrouvant selon un rituel pour l'apéritif ou le petit verre de rouge d'après la journée de dur labeur. Chacun raconte sa journée, la dernière blague des “Grosses Têtes” ou encore révèle la maladie ou le décès d'un tiers. Quelques retardataires s'empressent de valider leur bulletin de loto pour les tirages du soir. La sonnerie de mon téléphone portable en fait sursauter plusieurs et je leur expédie une mimique d'excuse.

— Allô, Maxime ?

Il s'agit d'une voix féminine et, si j'en crois mon oreille, de la voix d'une femme haletante, inquiète et impatiente.

— Oui.

— C'est Sylvie Le Roux-Rupert.

Je me disais aussi que cette voix m'était, non pas familière, mais pour le moins connue. Elle ne me laisse ni la questionner ni lui faire remarquer son ton affolé et poursuit :

— Il faut que tu m'aides. Je suis…

Coupée ! La communication vient d'être coupée alors qu'elle allait me donner la raison de son appel. J'arrête mon appareil, attendant qu'elle recompose mon numéro. Quand j'estime écoulé le temps nécessaire à cette opération, je pianote le numéro qui s'était affiché mais n'obtiens en retour ni mon interlocutrice ni sa messagerie vocale. Cette constatation me surprend car j'ai clairement reçu son appel il y a une minute. Il est à mon avis impossible qu'en si peu de temps elle se soit déplacée d'une zone couverte par le réseau à une zone isolée. Je renouvelle mon essai, en vain. Ceci me laisse perplexe. J'ignore ce qu'il faut en penser. Mais ce n'est plus le moment de penser car Annie Lamingue vient de refermer sa porte et part de sa démarche gracile sur le trottoir. Je pose un billet de cinq euros sur la table et lève le camp sans précipitation. Le sac à main en bandoulière, elle tient à la main un panier en osier. Nul besoin de sortir de Saint-Cyr pour savoir ce qu'il recèle. Si je joue bien le coup, son bonhomme dormira ce soir même au poste.

La filature est un art extrêmement difficile, a fortiori lorsque, comme c'est le cas, la rue est pour ainsi dire déserte. A pied, elle prend la rue à contresens. Je lui laisse une vingtaine de mètres d'avance et feins de m'intéresser aux vitrines. Je sais que je suis mal si la voiture de la femme est garée rue des Écoles : le temps de revenir chercher la mienne et d'éviter les sens interdits, elle aura disparu. Exceptionnellement, la chance est de mon côté, car je la vois utiliser sa commande à distance et mettre son panier dans le coffre d'une belle italienne de forte cylindrée. Opérant un demi-tour, j'atteins mon véhicule juste comme elle arrive à ma hauteur. Pour le cas où sa fille lui aurait établi une parfaite description de ma personne, je me baisse derrière une voiture en stationnement. Les mains sur les hanches, une dame me regarde avec l'air de se demander quelle mouche a bien pu me piquer. Tout en simulant de lacer ma chaussure, je lui envoie une moue narquoise avant de m'engouffrer dans ma voiture et de démarrer.

Au stop, Annie Lamingue prend à gauche. A mon tour, je marque l'arrêt mais ne repars pas immédiatement et attends qu'elle arrive au stop de la rue Bayard. Là encore, elle tourne à gauche. Je m'en doutais. Je décide alors de tenter un coup de poker : plutôt que de la suivre et risquer de me faire repérer, j'opte pour la rue Bayard en sens interdit et vire rue Villebois-Mareuil. Mon idée consiste non pas à la suivre, mais à la devancer. Pour cela, je dois atteindre au plus vite la rue Vulcain et guetter son arrivée. Elle n'aura d'autre alternative que d'emprunter le quai Carnot, auquel cas je prendrai à droite, ou d'emprunter l'avenue de la Gare, auquel cas je prendrai à gauche. Bien sûr, elle pourrait s'arrêter avant, mais j'accorde peu de chance à cette éventualité, car IL N'Y A RIEN AVANT. Quand j'estime rien, je me comprends : en effet, si Lamingue se planque dans le quartier de la Croix, sa femme n'aurait vraisemblablement pas utilisé sa voiture pour le rejoindre. Il reste une possibilité, à savoir la Ville Close. Mais comme pour le quartier de la Croix, Annie Lamingue serait partie à pied. Et quand bien même sa destination se trouve en Ville Close, je me fais fort de repérer la belle italienne, une je-ne-sais-quoi de chez Fiat, en quelques minutes.

Pour me couvrir, je compose le numéro du poste de police.

— Ici le capitaine Moreau. C'est vous, Carlier ?

— Oui.

— O.K. Vous allez sortir et surveiller en provenance de l'avenue Pierre Guéguin une grosse Fiat noire. Je serai au bas de la rue Vulcain dans une poignée de secondes. Dès que vous me voyez, vous m'indiquez la direction qu'elle aura prise. Si, lorsque j'arrive, elle n'est pas encore passée, rentrez et ne vous montrez pas. Entendu ?

— Entendu, Capitaine.

Je dépose mon portable sur le siège passager et accélère. Soudain, je donne un sonore coup de patin pour éviter une honorable mamie et son petit-fils qui traversent la rue.

Elle me balance un regard lourd de reproche et, sur le coup, marche lentement pour mieux montrer sa désapprobation quant à ma conduite. Après l'inaction de la planque, je subis une poussée d'adrénaline et ce n'est franchement pas le moment de me faire poireauter.

Dans le même temps, j'abaisse mon pare-soleil sur lequel est écrit le mot police, descends ma vitre et crie : « dégagez ! ». Ce bond, ma doué ! Il est clair qu'elle ne se savait plus capable d'une telle prouesse à son âge, la digne mamie ! Le passage libéré, je poursuis mon chemin en faisant hurler les pneus.

Reconnaissant ma voiture, Carlier m'indique à grand renfort de gestes le quai Carnot. Je redémarre, grille deux feux en essuyant une volée de coups de klaxons et appuie à fond sur l'accélérateur.

A la sortie du virage, là où sont construits les nouveaux magasins de marée, j'ai recollé à la Fiat et peux modifier mon allure. Plus loin se trouve un rond-point. Comme elle s'engage vers le port, je choisis le pont du Moros. La circulation étant fluide, je pose un pied de scaphandrier sur la pédale d'accélérateur. Ma stratégie se révèle payante, car je surviens au feu au bas de la rue de Penzance quand j'aperçois la Fiat qui attaque la cote du Passage. Je patiente jusqu'à ce qu'elle ait disparu derrière un bâtiment avant de repartir. Jusqu'ici, par deux fois, j'ai usé de malice. Maintenant, je dois me contenter de la suivre sans la perdre de vue. Du moins c'est ce que je pensais car, lorsque je la vois mettre son clignotant à droite avant le rond-point de Kerviniou, je prends un nouveau risque et vire rue Utrillo. Je traverse rapidement un quartier résidentiel pour parvenir à un stop comme l'italienne me passe devant pour se diriger vers le Cabellou. Voilà un scénario qui me plaît ! Le Cabellou, en fait, est un grand cul-de-sac. Une seule route y mène. Sachant la partie gagnée, je contacte le poste. Comme un peu plus tôt, Carlier répond puis me passe le bureau des lieutenants.

— Oui ? fait Pallas.

— C'est Max. J'ai besoin d'un coup de main. Il y a du monde de disponible ?

— Ouais, David et moi. Enfin, on allait partir, mais si tu veux…

— Bien. Je suis au Cabellou. On se retrouve près du terrain de rugby. Ah, faites-vous accompagner de la patrouille. OK ?

— OK, à tout de suite.

Pallas n'a d'abord pas semblé chaud pour ce surcroît de travail mais a retrouvé un tantinet de bonne humeur au fil de la conversation. Peut-être la perspective d'une possible castagne le rend sinon joyeux du moins agréable ! Le Cabellou est donc un cul-de-sac. Il se trouve que plusieurs rues sont elles aussi des culs-de-sac. Je préfère ne pas m'y aventurer et parcours les autres rues à allure modérée. Au bout d'un moment, je suis certain d'avoir vérifié chacune d'entre elles sans découvrir trace de la Fiat. Fissa, je prends la direction du terrain de rugby et y arrive comme mes collègues se garent. Je m'adresse d'abord aux agents de la patrouille :

— Vous restez ici. Si une Fiat noire arrive, retenez-la en prétextant un contrôle d'alcoolémie et prévenez-moi.

Puis à Pallas et Fournot :

— La femme Lamingue circule dans une Fiat noire dont j'ignore le modèle. Je pense qu'elle l'a cachée dans un garage ou à l'arrière d'une maison.

— Ou du côté du blockhaus…

— Merde, je n'ai pas pensé à celui-là ! C'est vrai que j'allais y jouer quand j'étais gosse. Bon, toujours est-il qu'il faut repérer cette bagnole. On se contacte par radio.

Et je redémarre. Tout à ma filature, j'en ai oublié l'appel de Sylvie. Par radio, j'interroge les lieutenants.

— Dites, on n'a pas cherché à me joindre ? Une femme, il y a un quart d'heure environ…

— Non, on n'a pas reçu d'appel. Peut-être au standard.

— Je verrai en rentrant. Bonne chasse.

Rue après rue, je ralentis lorsque l'intérieur des maisons est éclairé ou lorsqu'elles semblent habitées. Nombre des demeures de ce quartier haut de gamme ne sont que des pied-à-terre, principalement utilisés pour les vacances d'été. Aussi la plupart des volets sont-ils fermés et les jardins, négligés. Je m'en veux de ne pas avoir effectué normalement ma filature, car, à l'heure qu'il est, je saurais où se terre le malfrat et il me suffirait d'attendre la sortie de sa femme pour l'interpeller. Soudain, la radio crachote un message à mon intention :

— Bleuet 4, j'écoute.

— Ici bleuet 1. La dame est avec nous.

— Gardez-la au chaud, j'arrive. Vous avez entendu, bleuet 3 ?

— Oui, répondit David Fournot. Retour point de rendez-vous.

De fait, nous nous retrouvons à proximité du terrain de rugby deux minutes plus tard. Un brigadier me tend le permis de conduire d'Annie Lamingue, née Cloarec. Elle est assise au volant, les traits du visage durcis, les yeux dans le néant. Je contourne la voiture et m'assois près d'elle. Mon comportement étonne la conductrice, pourtant elle tressaille seulement quand je referme la portière avec une violence non contenue.

— Bonsoir, madame Lamingue. Officier de police Maxime Moreau. Je suis à la recherche de votre mari. Où est-il ?

Elle garde le silence, se mordant successivement les lèvres inférieure et supérieure.

— Plus vite vous répondrez, plus vite vous rentrerez chez vous. Pensez à vos filles, seules à la maison…

Le voilà, l'argument massue. A une femme, j'ai depuis longtemps pigé qu'il suffit de lui parler de ses gosses pour que la partie soit dans la poche. Pour preuve, deux grosses larmes se mettent à rouler sur ses joues. Elle les essuie, mais deux autres les remplacent dans la seconde. Après avoir titillé la corde sensible, à moi maintenant d'instaurer le climat de confiance propre aux révélations. Je lui propose un mouchoir en papier puis susurre sur le ton de la confidence :

— Si vous m'aidez, vous êtes chez vous dans quinze minutes. De toutes façons, je ne lui veux pas de mal, à votre mari. Je veux seulement sa version concernant un accident de la circulation, hier à Nantes. Tenez, un autre mouchoir.

Elle s'en saisit, sèche ses larmes puis se mouche bruyamment. Visiblement, elle pèse chacun de mes mots et hésite. Alors, je lui applique une seconde couche d'émotion en haussant la voix :

— Allons, pensez à vos filles ! Et dites-vous que, tôt ou tard, je verrai votre mari. Indiquez-moi sa cachette ou je vous fais embarquer. Imaginez la situation : votre mari en cavale, vous au trou ! Que deviennent vos petites ?

Doucement, paternel presque, je pose une main sur le bras d'Annie Lamingue et murmure :

— Je vous assure que je vous laisse partir. Vous avez ma parole.

Vaincue, elle craque. Elle me fournit l'adresse entre deux sanglots et un reniflement. Les gens, je l'ai remarqué, se partagent habituellement en deux catégories : il y a ceux sur lesquels il faut hurler pour obtenir un renseignement et ceux pour lesquels il faut faire montre de bienveillance. Annie Lamingue, elle, se situe à mi-chemin de ces deux catégories. En alternant brusquerie et ton paterne, je suis parvenu à lui arracher des confidences.

— Comment est-il entré dans cette maison ?

— Il a la clef, hoquète-t-elle. C'est la maison d'un couple de Parisiens. Olivier s'occupe de l'entretien et du jardin quand ils sont absents.

— Est-il armé ?

— Oh non ! sursaute-t-elle. Nous n'avons pas d'arme à la maison.

— C'est déjà un bon point pour lui. Tout bien réfléchi, madame Lamingue, j'ai besoin de votre participation.

— Salaud ! s'écrie-t-elle. Vous m'aviez juré !

— Calmez-vous ! C'est vrai que j'ai promis de vous laisser repartir, mais je viens de penser à un truc : j'ignore comment votre mari va réagir. Il serait mieux pour tout le monde que cela se fasse calmement.

Et, de fait, cinq minutes plus tard, nous arrivons devant une maison que seule la route sépare de l'océan. Bâtie sur un demi-hectare de pelouse percée d'arbres encore jeunes, de style néo-breton, elle paraît construite pour braver les coups de tabac et traverser les siècles. Les volets sont fermés, aucune lumière ne filtre, de sorte qu'on la croirait inoccupée. Sur le côté, une allée goudronnée mène à un garage susceptible d'abriter deux voire trois voitures. Assis à l'arrière de la Fiat, j'attends que les lieutenants Fournot et Pallas se soient cachés de part et d'autre du portail pour ordonnez avant de m'allonger :

— Allumez le plafonnier et klaxonnez !

Docile, elle obéit… Un strident coup de klaxon

retentit dans la nuit maintenant tombée, pratique inhabituelle dans ce quartier traditionnellement calme. Un instant, je redoute qu'un voisin, gagné par la curiosité, ne sorte en quête d'informations. Heureusement, il n'en est rien.

— Recommencez ! Plus longtemps cette fois.

Ma connaissance de la psychologie des malfrats, même si elle diffère d'un individu à un autre, me pousse à imaginer que cela doit bouillonner dans le cerveau de Lamingue. Actuellement, il se demande sûrement quel est l'abruti qui joue ainsi de l'avertisseur. Puis, contrairement à un professionnel, il va tenter d'en apprendre plus. Ce sera sa perte.

— Encore ! Plusieurs coups longs. Semblez impatientée, pour le cas où il vous observerait !

Annie agit comme je l'en ai prié, consultant sa montre et frappant le volant. Je parie que l'époux Lamingue a identifié l'origine de ce vacarme et peste contre sa bonne femme, s'interrogeant sur le motif de cette bruyante manifestation alors qu'il serait tellement plus simple et plus discret qu'elle entre. Il doit osciller entre la nécessité de faire cesser ce tapage et la sagesse de rester cloîtré derrière les murs protecteurs de sa retraite. De quel bord la balance va-t-elle pencher ? J'estime que l'attente ne se révélera pas excessivement longue, Lamingue étant un malfrat à la petite semaine assez futé pour ourdir de petites combines mais pas assez pour ne pas se faire prendre. Pour preuve, son casier judiciaire bien chargé. Il me fait penser à ces personnages de dessins animés qui mettent les plans les plus délirants en œuvre pour parvenir à leurs fins. Mais les pièges se retournent inexorablement contre eux ! Comme je vais pour solliciter une nouvelle série de signaux sonores, une voix se fait entendre :

— Ça va pas ! T'es folle ou quoi ?

Il est malin, le bougre ! Il est sorti par une issue de l'autre côté de la maison puis a longé le mur mitoyen avant de surgir et nous surprendre... Mais Annie connaît son texte et renseigne en geignant :

— Viens. Je suis tombée... Je crois que je me suis fait une entorse.

— T'as qu'à aller à l'hosto !

— Viens, Olivier ! S'il te plaît. Je ne peux pas bouger la jambe.

Une clef tourne enfin dans la serrure du portail. J'éprouve la joie du chasseur à la fin d'une battue fructueuse, après des heures et des heures d'efforts. Tel un ressort, je gicle de ma cachette en m'écriant :

— Haut les mains, Lamingue ! Et pas un geste !

X

Il est plus de vingt et une heures quand je passe le seuil de mon bureau, suivi d'un Lamingue blême et encadré de Pallas et Fournot. Le trafiquant est assis d'autorité sur la chaise me faisant face et défait de ses menottes. Il n'en mène pas large et tremble de tous ses membres. Pour ajouter à son trouble, je prends le temps de proposer une cigarette à mes hommes et d'en allumer une. Lui rejetant la fumée au visage, je consulte des papiers posés sur mon bureau durant mon absence. Il y a là le rapport d'autopsie du corps de Marc Pagel, la déclaration de Laurent Guder enregistrée par Luc Pallas, plus un message consécutif à un appel téléphonique d'un copain désireux de faire sauter une contravention. Par je ne sais quel cheminement, je viens à me souvenir de Sylvie Le Roux-Rupert. Je les avais oubliées, elle et sa communication brusquement interrompue ! D'un doigt nerveux, je frappe son numéro. N'obtenant ni sonnerie ni messagerie, je décide de reporter un autre essai à plus tard. Écrasant le mégot de ma cigarette dans le cendrier, je toise Lamingue et prononce :

— T'es dans le caca, mec ! Si tu veux que je te décrotte, t'as intérêt à me torcher des explications claires.

*

* *

Cela ne traîne pas, finalement. Lui ayant exposé les connaissances des forces de l'ordre quant à l'accident de Nantes, le relevé des zonzons et la déclaration de Guder, Lamingue n'a eu d'autre choix que de s'allonger. Tant qu'à y aller de sa chansonnette, il a chargé son copain Richard Berthou. Ce dernier étant décédé, plusieurs détails ne sont, pour le moment, pas vérifiables.

Cependant, il faut convenir que Berthou avait sur lui le carnet d'adresses. De là à imaginer qu'il ait eu un rôle plus important que Lamingue, il n'y a qu'un pas que j'ai affirmé être décidé à franchir allégrement s'il me balançait tout ce qu'il savait. De fait, il a fini par avouer sa présence lors de l'accident, mais a soutenu tout ignorer quant à la provenance des cassettes et le nom du fournisseur.

On prétend qu'il faut battre le fer quand il est chaud. Oui… mais pas tout le temps. Pas maintenant, en tout cas.

Je ressens soudain un phénoménal coup de pompe et arpente la pièce pour ne pas m'endormir. Si je ne me trompe pas, j'ai roupillé une paire d'heures depuis hier matin, soit sur une durée de bientôt quarante heures, et j'en fais subitement les frais. Les paupières lourdes, la mine défaite, je n'ai qu'une envie : rentrer me coucher. Et dire que Murielle m'espère en pleine forme pour une soirée torride !

— On verra le reste demain matin, Lamingue. Je ne te cache pas que je ne suis pas très satisfait de tes réponses, aussi je te conseille de réfléchir sérieusement à ta situation. Tu as toute la nuit pour ça.

David Fournot nous a quittés un peu plus tôt dans la soirée, appelé par le chef de poste car il est ce soir l'officier de permanence. Luc Pallas passe les menottes sur les poignets poilus et chétifs du malfrat tandis que j'enfile ma veste et réunis mes affaires. Nous descendons ensuite au rez-de-chaussée afin de placer Lamingue en cellule. Nous échangeons quelques plaisanteries avec nos collègues en uniforme pendant qu'ils lui retirent les menottes et vident ses poches. Résultat d'une certaine satisfaction, une douce torpeur m'envahit et m'engourdit. Ils se préparent à aller l'enfermer quand, dans un sursaut de lucidité, je m'aperçois qu'ils ont omis de prélever les lacets de ses chaussures. Manquerait plus qu'il attente à sa vie dans les murs du commissariat ! Comme j'en fais la remarque, un agent réplique sur un mode guilleret :

— Ça ne risque pas, capitaine. Il porte des santiags !

Je m'excuse et essuies des quolibets, mesurés cependant en raison de mon rang, et des moues "chambreuses". C'est bien fait pour moi ! À l'avenir, ça me servira de leçon, à me croire toujours plus malin que les autres et à vouloir leur apprendre leur boulot. Il est vraiment temps que j'aille dormir ! Je salue la compagnie et vais pour dévaler les marches situées à l'extérieur quand j'exécute un rapide demi-tour et hèle le chef de poste :

— Retirez-lui ses santiags.

Les policiers, Pallas y compris, me regardent d'un air goguenard mais obtempèrent. Lamingue ne leur facilite pas la tâche mais un brigadier finit par me les tendre. Je saisis les bottes, les tourne, les retourne et monte en courant dans mon bureau sous les yeux ébahis du lieutenant et des agents. Inutile de fureter longtemps pour trouver ce que je cherche, mes dossiers étant impeccablement rangés. Et la vérité jaillit ! Quand l'agent a annoncé que Lamingue était chaussé de santiags, je n'ai pas percuté immédiatement. Il a fallu que je parcoure deux mètres pour qu'une hypothèse me monte au cerveau. Me parlant à moi-même, j'attribue ce temps de réaction au manque de sommeil et souris tout en vérifiant cette hypothèse. Maintenant que c'est fait, je suis convaincu que les bottes de Lamingue correspondent pile poil aux empreintes relevées par les gendarmes de Pont-Aven à la chapelle de Trémalo et par les techniciens de la Police

Technique et Scientifique dans le manoir cambriolé la même nuit. Certes, j'établis ce jugement d'après photographies, mais je suis intimement persuadé du résultat.

Il est trop tard pour téléphoner à Nantes mais, dès demain, je demanderai à mon ami Yves Perrot de me faire parvenir les pompes de Berthou afin de les confronter aux secondes traces recueillies.

Fier de ma découverte, je redescends en sifflant. Pour le coup, la fatigue a miraculeusement disparu : je me sens ragaillardi et d'attaque pour une nouvelle nuit blanche si nécessaire. Un instant, je suis sur le point de faire un détour par la cellule de Lamingue, mais je me ravise : demain, en plein interrogatoire, il sera assez tôt pour lui asséner ce scoop.

Cinq minutes plus tard, je me gare devant la maison de Murielle.

Il est vingt-deux heures trente passées et j'espère qu'elle ne s'est pas endormie en m'attendant. Néanmoins, ce petit trajet en voiture m'a de nouveau assommé.

Pour être franc, j'aspire plus à me glisser dans les draps pour me reposer que pour la bagatelle. Enfin, ça, c'est ce que je pense, mais quelques câlins réussiront sans peine à activer ma libido. J'ouvre ma portière et vais pour poser un pied sur le macadam quand mon portable retentit. En lisant le numéro de David Fournot, je devine de nouveaux problèmes et hésite entre couper mon appareil et le jeter. En définitive, je réponds, comme un bon toutou accourt quand son maître le siffle.

C'est malheureux de penser que l'homme du vingtième siècle s'est battu pour se libérer de ses entraves, rejetant en bloc toute atteinte à sa liberté, alors que l'homme du vingt et unième siècle est devenu un stupide bipède conditionné pour réagir à une simple sonnerie. Foutue époque !

— Allô.

— Max ! T'es toujours au bureau ?

— Non, mon gars ! Dans trois minutes, je serai dans mon lit. Crois-moi, j'ai hâte !

Un silence s'installe. David doit se trouver gêné de me demander un coup de main, mais le jeune lieutenant poursuit néanmoins :

— Max…

— Tu as besoin d'aide ?

— Non, ce n'est pas ce que tu crois. Tu sais, tout à l'heure, quand le chef de poste est venu me chercher dans ton bureau…

— Oui. Eh bien ?

— Hum… Imagine-toi que c'était pour un homicide. La victime tenait un papier à la main. Sur ce papier sont inscrits un nom et un numéro de téléphone : les tiens.

*

*   *

Sans passer prévenir Murielle, je gagne l'endroit dépeint par Fournot à toute vitesse. Il s'agit d'une rue du quartier du Rouz, donnant en son extrémité sur la mer.

Me garant à distance, je me précipite vers le fond de la rue. Les gyrophares de la voiture de la patrouille et de l'ambulance des pompiers teintent de bleu les façades des habitations. Plus j'avance, plus les senteurs marines portées par un vent soutenu se font présentes.

Malgré l'heure tardive, une poignée de badauds discutent et tentent d'apercevoir, à défaut du corps de la victime, le travail des pompiers. Peine perdue car, pour cela, il faudrait emprunter le sentier côtier et parcourir une dizaine de mètres. Trois sapeurs patientent sur le chemin, à côté de leur matériel de secours. En contrebas, deux lampes puissantes fouillent l'enchevêtrement de roches. Fournot et un brigadier cherchent des indices, inspectant minutieusement chaque centimètre carré. Ce travail de fourmi est compliqué du fait des caractéristiques du terrain.

Avant de descendre les rejoindre, je regarde avec émotion et curiosité les contours du corps qui se devine sous une couverture. Son éloignement relatif exclue une hypothétique chute depuis le sentier suivie d'une éventuelle roulade.

Un passage permet d'aborder sans risque la déclivité, du moins en journée car, dans le noir, je me tords la cheville et me rattrape in extremis. Abandonnant le brigadier, David vient à ma rencontre. Sans un mot, il se contente d'éclairer le sol inégal. Nous progressons ainsi jusqu'à la couverture. Avant de découvrir le corps, Fournot m'interroge du regard. Ayant reçu mon approbation silencieuse, il la retire avant de la plier et de la déposer plus loin. De cela je n'en ai pas vraiment conscience car, lorsque le beau visage de Sylvie apparaît, je manque de suffoquer et ne peux retenir mes larmes. Oh, pas les grandes eaux, mais des larmes au goût amer de l'infinie tristesse qui me traverse.

Devant mes yeux embués défilent des images de notre enfance, tandis qu'une immense colère monte du plus profond de mes entrailles. Je ferme les yeux et, du pouce et de l'index, me serre le haut du nez. M'étant relativement calmé, je questionne :

— Tu en es où ?

David soupire, m'observe en silence et, me jugeant assez fort pour encaisser les premières analyses, répond :

— Elle est morte étranglée. J'ai noté sur ses tennis, au niveau du talon, des traces de raclement, ce qui indique que le corps a été traîné. Sauf si ces traces sont anciennes, bien entendu. Il faudra attendre une étude plus poussée pour le savoir. Il est donc possible que son agresseur – s'ils avaient été deux, ils l'auraient portée – ait voulu se débarrasser du corps en le mettant à l'eau. Qu'il ne l'ait pas fait peut signifier qu'il a été dérangé. Tiens, voici le papier qu'elle tenait. Elle ne l'a pas lâché pendant que son agresseur… Un peu comme si ton nom et ton numéro de téléphone la protégeaient. J'ai trouvé un téléphone portable cassé sur le chemin douanier. Peut-être le sien.

Deux pompiers chargés de projecteurs et d'un groupe électrogène surviennent. David justifie.

— La mer monte, il faut faire vite. S'il y a le moindre indice, il disparaîtra avec la marée. Tu te sens capable de nous aider ?

J'opine. Fournot recouvre la dépouille de Sylvie de la couverture, allume une cigarette et me la glisse entre les lèvres.

— On l'aura cette ordure, Max. On l'aura.

Couvrant le bruit des vagues qui viennent mourir sur les rochers, le moteur du groupe électrogène rugit. David veille au bon positionnement des projecteurs sur la zone de recherche et nous entamons les investigations.

Une demi-heure plus tard, le secteur est passé au peigne fin sans livrer de détail significatif. Durant ce laps de temps, un médecin est venu constater le décès, suivi de peu des employés des pompes funèbres qui ont emmené le corps. Je me suis tourné pour échapper à cette vision et conserver une meilleure image de Sylvie.

Indécise jusqu'alors, la brise forcit avec la marée montante. Nous regagnons le sentier côtier où les deux pompiers remballent leur matériel, s'éclairant de lampes torches pour œuvrer. Comme si elle avait attendu le retour de l'obscurité, une pluie venue du large nous surprend et nous nous hâtons vers la rue.

— Là, avec le chien, c'est le monsieur qui a découvert le… la victime. Je n'ai pas encore eu le temps de l'entendre. Tu nous accompagnes au poste ?

David a posé cette question pour la forme… Et comment que je les accompagne ! De toutes façons, je ne pourrais pas dormir. Pas maintenant. Le coup de pompe est passé et je n'ai pas l'esprit au repos. Le sourire et l'exquise fossette de Sylvie flottent devant mes yeux…

Dans la voiture, je mets les essuie-glace sur vitesse rapide, mais je n'y vois pas mieux pour cela : mes larmes sont bien plus abondantes et denses que la pluie au-dehors.

*

*   *

L'interrogatoire de l'homme au chien ne nous apprend rien : il promenait son toutou, comme tous les soirs après le repas ; Fidèle à son habitude, la bête libérée de sa laisse se défoulait et prenait plusieurs longueurs d'avance sur son maître.

Soudain, il l'a entendue aboyer. il a allongé le pas, se doutant qu'il se passait quelque chose d'inhabituel.

Avisant son chien en arrêt sur le chemin, il a alors aperçu le corps, tache claire étendue sur les sombres rochers. En voyant la tête pratiquement à angle droit de la colonne vertébrale, il s'est dit qu'il ne pouvait plus rien pour la pauvre femme et a couru chez lui appeler la police. Il était environ vingt et une heures, à une ou deux minutes près.

David enregistre sa déposition, le remercie et le laisse regagner ses pénates. Puis il exhibe un sac plastique transparent dans lequel il a introduit un téléphone portable découvert sur le sentier.

Il est fracassé en son milieu. La probabilité d'un coup de talon rageur est quasi certaine, mais le jeune lieutenant projette d'envoyer le tout à la PTS à fin d'études complémentaires. Les spécialistes de ce service ne donneront bien évidemment pas la pointure de l'agresseur, mais peut-être le style voire la marque des chaussures.

Ce renseignement, au demeurant improbable et aléatoire, pourrait se révéler déterminant.

Fournot souhaitant que soit procédée une autopsie, je le quitte alors qu'il compose le numéro du procureur.

Avant de rentrer, définitivement cette fois, je décide d'aller voir comment se comporte Lamingue. Je tire le rideau et l'épie derrière le plexiglas du vasistas. Il ne dort pas, le bougre ! Assis sur le bat-flanc, les coudes sur les cuisses et le menton dans les mains, il semble réfléchir à sa situation.

J'entre, lui offre une clope qu'il accepte avec avidité. En approchant la flamme de mon briquet, je susurre :

— Réfléchis !

XI

Bien qu'insuffisantes, ces six heures de sommeil m'ont fait un bien fou. Murielle et moi prenons exceptionnellement le petit-déjeuner ensemble, cela ne nous arrive normalement que le week-end. Avant de se coucher, elle a passé un pyjama et, lasse de m'attendre, a abandonné un délicat string et un porte-jarretelles sur le canapé. Nous ne parlons pas de la soirée gâchée et je lui expose les raisons de mon absence. J'éprouve la profonde nécessité de lui raconter la visite de Sylvie, hier, son coup de fil puis la découverte de son corps. Murielle déplore que je ne sois pas chargé de l'enquête, mais je lui soutiens qu'il en est mieux ainsi, car je manquerais peut-être d'objectivité et de discernement. Aveuglé par ma connaissance de la victime, je négligerais peut-être une piste, un détail…

J'ai décidé de ne pas me presser ce matin, Lamingue et consorts pouvant attendre. Dans mon métier, les périodes de réussite et d'abattement se suivent, toutes plus ou moins longues. Parfois, je rêve que chaque enquête soit la dernière, que les assassins, voleurs, violeurs et autres gibiers de potence cessent à jamais leurs méfaits. Hélas, la nature humaine est ainsi faite que…

Il est plus de neuf heures quand j'arrive au numéro un de l'avenue de la Gare. La première personne que je rencontre est Pierre-Édouard de Vitreux de Barnac. Il porte des vêtements différents de la veille, mais toujours aussi "classe". Le baron me questionne sur les avancées de mes recherches, adoptant un air contrit quand je lui annonce que je n'ai pas progressé d'un iota.

Une fois encore, je l'assure de mes efforts et le prie de m'accorder sa confiance. Pour changer de conversation, je promets de me rendre aux obsèques de Marc Pagel.

Le TOC que je suis ne peut s'empêcher de compter les marches de l'escalier menant à l'étage, chiffres que je connais par cœur, et je pénètre dans le bureau des lieutenants. Seul, Luc Pallas est là. Après lui avoir serré la main, je demande s'il sait où est David Fournot. Le méridional, qui vient également d'arriver, l'ignore mais me le fera savoir dès que possible. Il est de bonne humeur, ce matin, et nous discutons un moment de choses et d'autres. Depuis mon bureau, je sonne l'accueil et sollicite la présence de Lamingue.

L'ADS réplique que le commandant me réclame à cor et à cri depuis une heure, mais je décrète qu'il patientera et exige le suspect. L'ADS souligne avant de raccrocher que les pompiers ont repris ce matin leurs recherches dans le port.

Deux minutes plus tard, Lamingue est introduit et débarrassé de ses menottes. Sans un regard, je tapote son identité sur le clavier de mon ordinateur. Puis j'appelle Nantes et obtiens mon pote Yves Perrot.

— Salut, vieux. Ça va ? Dis, j'aurais besoin que tu me fasses parvenir des photos des semelles de chaussures du client qu'il te reste sur les bras…

— Berthou ?

— Oui. Fais fissa, s'il te plaît, que je puisse boucler une affaire.

— Tu les auras dans une heure, le temps de prendre un cliché, de le scanner et de l'envoyer sur ton ordinateur.

— Impec. Je te remercie. Ciao !

Me tournant vers Lamingue, je constate qu'il ne s'est pas aperçu que cette conversation était en rapport avec lui.

— A nous deux ! Comment fait-on ? Tu racontes ou je te tire les vers du nez un à un ? Je t'avertis que je n'ai pas beaucoup de temps à t'accorder. La première proposition est bien meilleure pour nous deux, si tu veux mon avis.

Lamingue se dandine sur sa chaise. Les pointes de ses épaules saillent sous le pull-over, tandis que ses bras semblent flotter dans les manches.

— Vas-y, je t'écoute... Tu sais, ta bourgeoise était assise à cette même place, il y a quelques heures. Elle est à la maison, maintenant. Avec tes gamines. Comme tu peux le constater, j'ai du cœur. Enfin, ça dépend... Je peux me montrer aussi gentil qu'implacable. En ce qui te concerne, inutile de rêver : tu ne vas pas rentrer chez toi. En revanche, je peux améliorer tes conditions de détention.

Du rouge a mis un peu de couleur aux joues creuses du malfrat, redonnant un tantinet de vie à son visage décharné et blême dans lequel même les yeux ne brillent plus.

— Par où je commence ? Qu'est-ce que...

— Commence par Nantes. L'accident...

J'ai balancé cette répartie pour l'affranchir sur l'étendue de mes connaissances. En guise d'avertissement, s'il s'avise de tenter de me blouser, j'ajoute :

— Tu vois ces livres ? Il y a là le code de procédure pénale et le code pénal. En les feuilletant, j'ai appris que tu encoures une peine que je qualifierais de semi-légère ou de semi-lourde, c'est comme tu préfères. Selon ton comportement, je peux intervenir pour qu'elle s'allège. Mais donnant-donnant ! Si tu te délestes, j'interviendrai. Sinon... Tu as les cartes en main. Une dernière chose : Laurent Guder m'a communiqué sa virée à Nantes, alors tâche de me fournir une version concordante.

Du rouge il a viré au blanc.

Il se sait coincé, aussi se lance-t-il après un court moment de réflexion :

— Richard Berthou est venu chez moi avant-hier matin, vers quatre heures trente. Il voulait que je l'emmène à Nantes pour remettre des trucs à des gens qu'il connaissait. Au début, je ne voulais pas y aller mais, comme je savais qu'il détestait conduire, j'ai accepté de lui rendre ce service.

— Et ?

— Ben, on a eu un accident... Une bagnole nous a fait une queue de poisson. J'ai perdu le contrôle. Richard saignait beaucoup, surtout de la tête. J'ai pris peur, je me suis taillé. J'ai marché longtemps, jusqu'au centre de Nantes. J'ai tourné un peu en rond avant de téléphoner à Laurent Guder de venir me chercher. Je n'avais pas un sou en poche pour prendre le train. Voilà.

— C'est tout ?

— Ben, heu... Oui.

— Tu te fous de ma gueule ? Pense à ce que je t'ai dit ! On a passé un marché, mec ! Ne l'oublie pas ! Reprenons. D'où venait Berthou quand il s'est pointé chez toi ?

— Ben, j'sais pas.

Du plat de la main, je frappe violemment la surface de mon bureau.

Lamingue sursaute, rentre la tête dans les épaules, redoutant un coup.

— Rassure-toi, je ne vais pas te cogner. Ce n'est pourtant pas l'envie qui me manque, mais on m'a toujours dit que taper dans la merde ça éclabousse.

La tendance scatologique de cette image ne me satisfait pas, moi non plus, mais je n'y peux rien. C'est plus fort que moi face à ce genre de personnage. Simulant de recouvrer mon calme, car ma colère était exagérée, je reprends sur un ton doux :

— Qu'as-tu pensé en voyant Berthou au volant d'une BMW ? Tu savais qu'il avait changé de voiture ?

— Il m'a dit que…

— Stop ! Regarde : je prends une feuille que je divise en deux colonnes. Un côté pour les réponses que je jugerai acceptables, l'autre pour les réponses farfelues ou incorrectes. Tu as intérêt à ce qu'il y ait plus de petits bâtons de ce côté-ci. On recommence : où t'es-tu procuré la BMW ?

— C'est pas moi, M'sieur ! C'est Richard qui l'a volée à Quimper. Je vous jure que c'est vrai !

Je trace un trait dans la colonne bonnes réponses, le fixe méchamment avant d'en tracer un second dans la colonne mauvaises réponses.

— Le bon point, c'est qu'elle a effectivement été volée à Quimper. Le mauvais, c'est que tu viens d'affirmer que Berthou n'aimait pas conduire.

— Mais je vous jure que…

— Chut ! Ne jure pas. Qu'avez-vous fait ensuite ?

— On a pris la route pour Nantes.

— Tu me désoles Lamingue, je coupe en ajoutant un petit bâton. Et la cargaison à livrer, dis ? Tu ne crois pas que tu brûles les étapes ?

— Mais non. Richard avait tout organisé. Je devais seulement l'amener à Nantes et, lui, s'occupait du reste.

— Bon, on arrête. Tu retournes en garde à vue. Pendant ce temps, je vais aller voir ta femme et tes filles. Elles seront heureuses d'apprendre que tu t'entêtes à nier l'évidence.

— Mais, monsieur le Commissaire…

— Je ne suis pas commissaire, d'abord ! Je laisse cette feuille ici. On verra, à mon retour, si tu es dans de meilleures dispositions.

*

*   *

L'église Saint-Guénolé semble bien grande ce jour, au vu de la faible assistance. Une demi-douzaine de femmes âgées, des habituées qui ne ratent aucune cérémonie, sont assises sur la gauche de la nef. A part elles, personne. Les bigotes me regardent avancer jusqu'au second rang, attendant que je sois installé pour chuchoter leur étonnement. Peu soucieux de leurs commentaires, j'admire l'architecture du bâtiment de style résolument contemporain, comme l'indique à l'extérieur la mosaïque de Jean Bazaine. La lumière du jour pénètre agréablement et ne tolère nul recoin sombre. Près de l'autel, le prêtre échange quelques mots puis, après un instant, sort guetter l'arrivée du corbillard. De fait, peu après, l'harmonium souffle l'air d'accueil et des pas se font entendre. Je ne me retourne pas, mais braque la tête sur le côté et vois d'abord défiler le prêtre puis quatre employés d'une société locale de pompes funèbres portant un cercueil sobre. Pierre-Édouard clôt le cortège. Vêtu de noir, il s'est mis en frais pour l'ultime voyage de son copain. Il va dignement s'asseoir au premier rang, juste devant moi, en m'adressant un sourire empreint de tristesse et de gratitude auquel je réponds. Je ne l'ai pas vu en arrivant et j'imagine que le baron s'est rendu à Quimper assister à la mise en bière.

La cérémonie se déroule sans incident, à peine troublée par les reniflements exagérés d'une fidèle de l'édifice.

Lorsqu'elle se termine, je pose une main ferme sur l'épaule du baron, comme pour l'assurer de mon soutien dans cette épreuve. Pierre-Édouard la recouvre de la sienne, froide et sèche, et me serre les doigts, comme s'il tentait ainsi de m'insuffler simultanément son énergie et sa soif de vengeance. Me levant à moitié, je lui glisse dans l'oreille :

— Comptez sur moi !

*
*   *

Je me suis arrêté acheter des petits pains au chocolat dans une boulangerie et en ai fait mon déjeuner, accompagnés d'une grande tasse de café au bar du Port. De sorte, lorsque j'entre au commissariat peu après midi, je me sens prêt à affronter Lamingue le temps qu'il faudra pour lui arracher les pièces manquantes du puzzle. J'envoie chercher le suspect, Lamingue n'a pas encore avoué et, par conséquent, ne peut être qualifié de prévenu. Je profite de ce répit pour allumer mon ordinateur. Comme prévu par Perrot, j'y trouve les photos des semelles de chaussures de Richard Berthou. Je suis en train de les comparer avec le moulage en plâtre relevé dans le jardin du manoir quand Lamingue est amené et assis sans ménagement. Il n'a pas bonne mine, c'est le moins que l'on puisse dire. Curieusement, alors qu'il ne s'est pas écoulé trois heures depuis notre précédent entretien, une barbe poivre et sel pointe sur ses joues de plus en plus creuses, semble-t-il. Si l'on additionne à cela des cernes tirant sur le noir, des mèches de cheveux indisciplinées, on obtient un individu mal en point physiquement. Psychologiquement, cela ne vaut pas mieux. Je le devine à cran, irritable au possible. Je connais ce genre d'oiseau et sais qu'il y a deux possibilités : soit Lamingue m'envoie balader dès la première question et se ferme comme une huître, soit il balance tout ce qu'il sait, quitte à en rajouter, pour que cela se termine rapidement. J'en ai même vu s'accuser de différents délits dans le but d'écourter l'interrogatoire et de pouvoir manger et dormir leur comptant. Je décide d'observer une longue période de mutisme avant d'attaquer et me mets à philosopher silencieusement, conversant par télépathie avec un personnage imaginaire. Le cerveau, l'organe le plus important du corps humain ? Non ! Contrairement aux scientifiques, j'affirme, et avec moi tous les flics de France et de Navarre, que l'estomac est sans conteste l'organe vital de notre anatomie. Si quiconque demande une preuve, il suffit de poser cette fameuse question : avez-vous déjà essayé de réfléchir le ventre vide ? Pas facile, hein ! On hésite entre différentes propositions, alors qu'après un repas, l'analyse se révèle bien plus simple et on se frappe la tête en disant : comment n'y ai-je pas pensé plus tôt ! Et la réponse fuse : parce que j'avais faim. Une autre preuve ? D'accord. On estime la mémoire d'un poisson rouge à trois secondes. Ceci explique qu'il ne s'ennuie pas dans son bocal. Sinon, il y a longtemps qu'il se serait fracassé la tête contre les parois ou aurait giclé à l'extérieur. Personne ne pourrait tourner inlassablement, des journées, des semaines, des mois voire des années entières ! Eh bien, le poisson rouge le fait, car il oublie au fur et à mesure ses passages précédents. Par contre, lorsqu'on lui verse sa dose quotidienne de daphnies, il se jette voracement dessus car il sait que c'est bon pour lui. Et comment le sait-il, vu qu'il n'a pas de mémoire ? Parce que son estomac le lui a soufflé, pardi ! Une troisième preuve ? Non, je n'en ai plus le temps, car Lamingue vient de quitter ses chaussures du regard et braque sur moi deux yeux las. J'interromps donc cet aparté avec mon interlocuteur imaginaire et me compose un visage avenant.

— Tu as le bonjour d'Annie et de tes filles. Tu leur manques beaucoup et elles espèrent te voir bientôt. Les cartes sont entre tes mains, à toi de les utiliser au mieux.

Il accuse le coup. Après un silence calculé, j'enchaîne.

— Tiens, cette feuille sur laquelle je notais tes bons et mauvais points, je la roule en boule, et hop, au panier ! On va changer de stratégie, Lamingue. Je raconte ce que je sais, c'est-à-dire les trois quarts de l'affaire et toi, tu bouches les trous. Et tu as intérêt à ce que ça tienne la route ! OK ?

Il acquiesce, les lèvres tremblantes. C'est un cave, un gredin de bas étage dépassé par cette histoire. Il a fait des bêtises et redoute le moment de payer la facture. Comble de malchance, Berthou est mort. Il sera donc seul pour la régler. En plus, elle promet d'être salée.

— Tu vois ça ? lui dis-je en tournant l'écran de mon ordinateur dans sa direction. C'est une photo des semelles de chaussures de ton copain Richard Berthou. Et ceci, c'est une empreinte en plâtre que j'ai récupérée sur les lieux d'un cambriolage. De deux cambriolages même ! Il ne fait pas l'ombre d'un doute qu'elles correspondent. Passe-moi tes pompes.

Cette transformation, mon pauvre ami ! De pâle, il est devenu blanc. Son nez s'est pincé, sa bouche s'est ouverte, son cou s'est tendu, ses épaules se sont affaissées.

Il pensait que j'allais évoquer uniquement l'accident de Nantes, et découvre que je suis au courant des deux cambriolages.

— Donne-les-moi gentiment ou je demande à ce que l'on te les retire. Et crois-moi, ça ne se fera pas en douceur…

Il obéit et me tend ses santiags.

— Et celles-ci, les tiennes, correspondent à cet autre moulage.

J'allume égoïstement une cigarette, recrache la fumée vers le plafond et continue :

— Dans la nuit de samedi à dimanche, toi et Berthou cambriolez un manoir et emportez des tableaux, de l'argenterie… Enfin, bon, je ne vais pas dresser la liste, tu la connais aussi bien que moi. Eh oui, comme tu peux le constater, j'ai des billes. Inutile de nier, tout cela est acquis et vérifié. Puis vous vous rendez à Versailles, chez un brocanteur, et écoulez la marchandise. Montant de la transaction ?

Abattu, Lamingue pige qu'il doit coopérer pour s'attirer mes bonnes grâces et tenter d'alléger sa future peine. Sans se faire prier, il répond d'une voix morne :

— Deux mille euros.

— Pas terrible. Vous auriez pu en tirer beaucoup plus ailleurs. Et le Christ de la chapelle de Trémalo, où l'avez-vous vendu ?

Il hésite, pesant le pour et le contre, et lance à regret :

— Chez un collectionneur, un type que Richard avait rencontré. C'est lui aussi qui nous a donné l'adresse du brocanteur de Versailles.

— Et comme deux petits malins, vous vous êtes dit que comme ce brocanteur n'était pas regardant sur l'origine des marchandises, il n'y avait qu'à en profiter. La livraison du Christ chez le collectionneur, c'était avant ou après Versailles ?

— Avant. On est allé le livrer puis on a filé sur Paris. On lui a aussi fourgué les tableaux.

— D'accord ! Voilà pourquoi ils n'étaient pas chez le brocanteur lors de la descente de mes collègues. Nom et adresse du collectionneur ?

— Le docteur Cohen, à Lanadan.

Voilà un renseignement qui risque de faire du bruit dans le microcosme concarnois !

Ce médecin jouissant d'une excellente réputation va bientôt se trouver sur le devant de la scène bien malgré lui. Pour corroborer l'affirmation de Laminggue, je me souviens avoir vu ce toubib à une vente aux enchères de tableaux à laquelle je m'étais rendu par curiosité il y a quelques mois.

— Combien vous en a-t-il donné ?

— Cinq mille euros.

— Pas terrible, là encore. Bon, ça marche ! Passons à l'autre affaire maintenant. Nous reviendrons sur celle-ci plus tard, afin d'éclaircir quelques détails. Ces détails, note que je me sens disposé à les oublier pour peu que tu continues à répondre dans le bon sens. On verra... Venons-en à l'accident. Que s'est-il passé exactement ?

— Ben, heu... Rien quoi ! On a eu un accident, c'est tout.

Il a adopté pour dire cela un air blasé qui ne me plaît pas du tout, aussi je tonne pour lui faire comprendre qui est le patron.

— Cela je le sais !... Mais les circonstances ? Commençons par le début : mardi, il était environ sept heures du matin et...

— Il faisait à peine jour, grommelle-t-il. A l'approche de Nantes, la circulation était de plus en plus...

— Dense ?

— Oui, dense. Je roulais normalement, quand j'ai aperçu dans mon rétroviseur une voiture qui arrivait à grande vitesse. Elle était encore loin, mais je me rendais compte qu'elle allait très vite. Occupé par ma route, je n'y ai plus prêté attention. Puis une autre voiture, qui roulait derrière moi, a entrepris de me doubler. Je crois que le conducteur a mal estimé la vitesse de l'autre voiture et il a voulu se rabattre devant mon nez pour la laisser passer. En fait, il m'a fait une queue de poisson. J'ai envoyé un coup de patin et la voiture est partie en crabe. J'ai essayé de reprendre le contrôle, mais on a fait des tonneaux.

— Tu n'as pas été blessé ?

— Non. Juste un peu “crabiché”, comme on dit. Richard était mort, ça je l'ai su tout de suite. Il était trop tard pour lui. Déjà, quelques voitures s'arrêtaient. Je suis sorti et, peu à peu, je me suis éloigné en profitant de la pagaille générale. Je me suis dirigé vers des maisons, à une centaine de mètres de la route, et j'ai disparu. C'était un accident, un banal accident.

Je me frotte les mains l'une contre l'autre, donnant ainsi l'impression que ces indications m'intéressent. Mais sur mon visage se lit ce que je voudrais être de la gêne.

— Je suis disposé à te croire sur parole, Lamingue. Remarque cependant que tout ce qui concerne l'accident n'offre qu'un intérêt limité... Je suis flic, pas assureur. Non, tu vois, plus que le reste, je souhaite connaître le motif de ta virée à Nantes. Tu peux répondre que tu allais rendre visite à une vieille tante ou à un copain d'armée, mais je ne suis pas obligé de te croire. Je suis d'accord pour minimiser ton rôle dans les cambriolages, mais il faut que tu m'affranchisses sans te borner à charger Berthou. Il est trop simple d'affirmer qu'il s'est occupé de tout. Je sais que c'est faux. Si tu y mets de la bonne volonté, j'en ferai de même. Tu veux une clope ?

Et comment qu'il en veut une ! Il saute sur le paquet et tète goulûment sitôt la flamme approchée. Je sonne l'accueil pour demander un café à l'ADS qui me l'apporte en un temps record. Il ressort comme le téléphone retentit. Il s'agit de Perrot, à Nantes.

— Alors, Max, ça va les photos ?

— Mieux c'est mal. Je te remercie, mon grand.

— Bah, ce n'est rien. La prochaine fois, c'est peut-être toi qui me dépannera...

— Ce sera avec plaisir.

— Au fait, j'ai visionné les cassettes qu'il y avait dans le coffre de la bagnole. Enfin, je ne les ai pas toutes regardées car elles paraissent du même tonneau. Et crois-moi, ce n'est pas joli-joli.

— A savoir ?

— Pédophilie... Nous sommes confrontés à un réseau de vente de cassettes à caractère pédophile qui, apparemment, couvrirait le grand Ouest. On a commencé les arrestations et les interrogatoires des personnes dont les noms apparaissent sur le carnet de

Berthou. Le capitaine Doiron était sur cette affaire depuis des mois sans avancer d'un pouce. Grâce à ce carnet, il progresse à pas de géant. Il faudrait maintenant remonter la filière.

— J'ai ma petite idée là-dessus, dis-je en considérant Lamingue qui ne quitte pas ma tasse de café des yeux et passe la langue sur ses lèvres sèches.

— Je suis toute ouïe.

— Pas encore, Yves. Mais tu auras la primeur. Salut.

Je repose le combiné sur son socle et m'adresse à Lamingue.

— Tu as soif ? Magne-toi de répondre et tu seras servi. Sans compter que tu dois avoir les crocs ! Allons-y : qu'y avait-il dans le coffre de la voiture ?

Le malfrat écrase sa cigarette dans le cendrier et me fixe.

— J'peux rien dire. Si je parle, j'suis mort.

— Ça, mon mignon, fallait y penser avant. On ne s'embarque pas dans une embrouille si on n'a pas la carrure. Tu dois bien comprendre que tu n'as pas le choix. Tu n'y couperas pas, à la taule ! Mais de tes aveux dépend la durée de ton séjour. Et à ta sortie, que penseront tes comparses ? Que tu n'as pas parlé ? Laisse-moi rire, ils te connaissent et savent que tu n'es pas un vrai dur. Dans le doute, ils te feront regretter de t'être fait prendre. De quelle manière ? Il est trop tôt pour le dire, mais peut-être qu'ils te feront la peau. Non, tu vois, tu n'as qu'une porte de sortie : balance ce que tu sais et permets-moi de les coincer.

J'allume une nouvelle cigarette, une de plus, et soumets :

— Comme tout à l'heure, je raconte ce que je sais, et toi tu remplis les blancs. On fait comme ça ? Alors, écoute.

Je me lève et, les mains dans le dos comme les anciens maîtres d'école, raconte ce que mes déductions me permettent d'entrevoir :

— Il était une fois... Non, ce n'est pas un bon début, parce que ce n'est pas une belle histoire. C'est plutôt moche même, du genre qui commence mal et finit mal. On fait dans le sordide, pas dans la bonté et les beaux sentiments. Je reprends : deux petits malins, les deux mêmes qui ont cambriolé un manoir et une chapelle, se trouvent embarqués dans un trafic de cassettes de nature pédophile. Leur mission consiste à récupérer ces cassettes et à approvisionner un réseau situé dans le pays nantais. Ils disposent pour cela d'un petit carnet sur lequel sont notés les noms et adresses des clients. Cette tâche, fort simple au demeurant, est encore trop difficile pour eux, car ces branques ne peuvent s'empêcher de faire foirer tout ce qu'ils touchent. Ainsi, sur le trajet, ils sont victimes d'un accident de la circulation ; l'un des gus décède et la police découvre le pot aux roses. Dis-moi, ces cassettes, vous les aviez achetées ? Vous deviez avoir une mise de départ, à charge pour vous de vous rembourser et de prélever un bénéfice en les revendant. Comment toi et Berthou dont le compte bancaire est au ras des pâquerettes… Bouge pas, j'ai pigé ! Les cambriolages vous ont procuré l'argent nécessaire à l'achat. C'est ça ?

Il fait oui de la tête, expulse l'air contenu dans ses poumons et explique :

— Ben ouais, c'est ça. On devait payer la totalité du stock. En les revendant trois fois plus cher, on se faisait un bénef important. Pour la mise de départ, comme on était ric-rac, on a eu l'idée des deux casses pour avoir de l'oseille.

Je jubile, mais mon sourire se fige soudain. Il y a quelque chose qui ne colle pas. Alors que Lamingue ne s'y attend pas, je frappe violemment le bureau et vocifère :

— Tu me prends pour un con, Lamingue ! Et ça, je ne peux pas le supporter ! Avec un seul cambriolage, vous aviez assez de fric pour acheter les cassettes. Avec sept mille euros, c'est un vidéoclub que tu achètes !

Il avait repris un peu de couleurs, mais elles se sont estompées en un clin d'œil.

Je m'approche de lui, l'air méchant et résigné. Pensant que je vais lui balancer une mandale, il monte son bras en opposition.

— Pas encore, Lamingue ! Les coups, c'est seulement si tu ne parles pas. Tu as une chance d'y échapper, alors ne la gaspille pas !

Si gentiment prié, il ne peut que se plier. Il m'expose alors tout le processus de l'opération sans omettre le moindre détail.

Je suis hors de moi quand Lamingue est ramené en cellule, et animé d'une furieuse envie de taper.

Croyant me calmer, j'allume une cigarette. Mais, dès la première taf, j'éclate en sanglots.

XII

J'ai chialé pendant une bonne dizaine de minutes. Peut-être plus, tant ce que j'ai entendu m'a bouleversé. J'en ai perdu momentanément la notion du temps et, plus grave et définitivement, toute considération pour le genre humain. Après avoir essuyé mes larmes sur mon sous-main en cuir, je respire profondément et me plonge dans mes notes. Il me faut peu de temps pour dénicher ce que je cherche et vérifier mes informations. Sûr de mon fait, j'appelle alors le procureur et, l'ayant obtenu après une délicate musique de chambre, lui résume la situation. L'homme de loi me donnant carte blanche, je téléphone au bureau des lieutenants. Il est voisin du mien, mais je me refuse à exhiber mon visage ravagé par la douleur.

— Oui ! fait David Fournot.

— C'est Max. Tu es dispo' ?

— Deux ou trois trucs à régler, mais…

— Prépare-toi. Luc est dans les parages ?

— A côté de moi.

— Dis-lui de venir aussi. Je fais un saut prévenir le commandant. Rendez-vous en bas dans cinq minutes.

J'ai décidé d'agir au plus vite, car ce que je viens d'apprendre ne peut tolérer la moindre attente. La porte de bureau de mon supérieur étant fermée, je toque et ouvre dans le même mouvement. Il est pour le moins surpris, le commandant Bernier, de cette intrusion dans son antre. Il m'oppose un regard mi-interrogateur mi-dédaigneux. Posant une main sur le micro du téléphone, il me toise avant d'interroger :

— Oui ?

— Vous avez une minute, commandant ?

Je suis certain qu'il a sa maîtresse à l'autre bout du fil, une rousse un peu nunuche qui lui soutire un maximum de pognon et dont il s'efforce vainement de cacher l'existence.

D'ailleurs, comme pour renforcer mon a priori, il miaule niaisement dans le combiné :

— Je suis obligé de te quitter. A plus tard… Oui oui, moi aussi… A plus tard.

Il est gêné. Je fais semblant de ne pas m'en apercevoir pour ne pas le vexer et m'attirer ses foudres. Je lui narre mes dernières vingt-quatre heures et, quand j'ai terminé, le commandant articule :

— Bon boulot, capitaine. Je vous accompagne.

Alors qu'il attend tranquillement l'âge de la retraite, la perspective de l'action le met en émoi et il se sent rajeunir. Tandis qu'il se saisit de son arme, je descends rejoindre Pallas et Fournot près de l'accueil.

— Quelle est la destination ? plaisante David avant de remarquer mon visage fermé.

— Tu en es où pour le meurtre de Sylvie Le Roux-Rupert ?

— Nulle part ! J'ai interrogé des dizaines de personnes ce matin, mais aucune n'est passée sur le chemin côtier à l'heure du crime. A vrai dire, je suis au point mort.

— Considère ton enquête comme close. Je connais le tueur. Il ne reste plus qu'à recueillir ses confidences.

Bouche bée, le David. Il va pour questionner quand le commandant arrive et nous presse vers la sortie.

— Allez, les petits, on y va ! Je vous suis avec ma voiture.

Tout en conduisant, je livre enfin mes explications à Journot qui piaille d'impatience et ne tient pas en place.

— Lamingue et Berthou traficotaient sur tout ce qui était susceptible de leur rapporter. Par j'ignore encore quelle entremise, ils se sont retrouvés mêlés à un trafic de cassettes à caractère pédophile. En les revendant, ils s'assuraient un bénéfice confortable. Un arrivage étant prévu, leur fournisseur les avertit que la somme devrait cette fois être plus élevée que d'habitude : en plus des cassettes, ils se verraient en effet remettre un gamin, à livrer comme une vulgaire marchandise à une adresse qui leur serait communiquée au dernier moment. Ne disposant pas de l'argent nécessaire à cette transaction, ils procèdent à deux casses et revendent le produit de leurs larcins... Ils se présentent le jour de la livraison et prennent possession des cassettes et du gosse qu'ils déposent à l'adresse indiquée avant de filer sur Nantes. Malheureusement pour eux et heureusement pour nous, ils sont victimes d'un accident de la route. Berthou trépasse, Lamingue s'enfuit. Une ancienne relation de travail fait le voyage et le ramène au pied de la Ville Close. Espérant se faire oublier, Lamingue se cache. En filant sa femme, on découvre sa planque et on le saute.

J'attrape dans une poche une cigarette, moi qui ne fume jamais en voiture et continue mon récit :

— Dans le même temps, une amie d'enfance vient me rendre visite. Elle est assistante sociale. Par le plus pur des hasards, en faisant du shopping à Lorient, elle a vu une femme faire emplette de sous-vêtements pour enfants alors qu'elle et son mari ont eu maille à partir avec la justice par le passé pour pédophilie. Elle soupçonne quelque chose de louche et décide de m'en parler. Je suis débordé par le boulot mais promets néanmoins de me pencher sur la question dès que possible. Hélas, je ne trouve pas une minute à accorder à cette affaire. Mon amie, Sylvie Le Roux-Rupert, vit très mal cette situation et subodore le pire. Plutôt que de me laisser agir, elle se résout à mener l'enquête et fait le guet à proximité du domicile du couple pédophile. Ça, je l'imagine, car rien, pour l'instant, n'est vérifié. Enfin, nous le saurons sous peu. Bref, elle a vraisemblablement découvert un élément à charge ou, en tout cas, suffisant pour étayer ses craintes. Elle me téléphone mais la conversation est interrompue. On découvre son corps peu après.

Pallas siffle d'admiration.

— Tu as tiré tout cela au clair ! Si je comprends bien, tu solutionnes ses trois affaires dans le même temps : l'assassinat de ton amie et les casses du manoir et de la chapelle de Trémalo.

— Et peut-être une autre… si je ne me trompe pas.

— Chapeau bas, Max ! fait Journot. Ce sont les gendarmes de Pont-Aven qui vont être contents !

— Ce n'était pas compliqué, en fait. Quand Lamingue m'a donné l'adresse à laquelle ils ont livré le gosse, j'ai tout de suite su qu'elle ne m'était pas inconnue. Et pour cause, Sylvie me l'avait communiquée lorsqu'elle était venue me voir. En rejoignant David hier soir, sur le chemin douanier, j'ai laissé ma voiture dans cette même rue. Mais je n'ai pas percuté… Si j'avais pris au sérieux les renseignements de Sylvie, elle n'aurait pas eu besoin de s'exposer. A l'heure qu'il est, elle serait toujours vivante.

Mes collègues n'ajoutent pas un mot, pressentant que j'ai raison. Le reste du trajet se fait en silence. Me garant à l'entrée de la rue, je mets sur pied un plan d'action.

— Luc, tu files sur le sentier côtier pour leur couper toute retraite. David, tu te planques... Ils t'ont sûrement remarqué et savent que tu es chargé de l'enquête. En te voyant, ils risquent de paniquer et je préfère une arrestation en douceur... J'attends le commandant et on y va franco : on sonne et, dès qu'ils ouvrent, on monte à l'assaut.

Pallas sort de la voiture sans accorder d'attention à la voiture du commandant qui vient de déboucher au coin de la rue et marche du pas léger du promeneur. Arrivé à l'extrémité de la rue, il semble hésiter sur sa direction. Puis, les yeux sur le large, il opte pour la gauche et disparaît de notre vue. Le commandant rapplique à ce moment-là, excité comme une jouvencelle se rendant à son premier rendez-vous galant. Ses courtes jambes trottinent à une vitesse qu'elles n'ont plus connue depuis des lustres et ses bras battent l'air pour tenter d'augmenter l'allure.

— Écoutez-moi bien, les gars : je prends les choses en main et soyez certain que cela va bien se passer ! Vous, Fournot, vous restez ici. Ces personnes vous connaissant, ce n'est pas le moment de tout faire clapoter. Ne bougez pas et regardez-moi agir. D'accord ? Pallas, vous... Il est où ? Vous ne l'avez pas emmené ? Je croyais pourtant l'avoir vu avec vous.

Objecter que ce plan correspond en tous points à

celui que j'ai ourdi gâcherait son bonheur et le renfrognerait pour le reste de la semaine. Aussi, adoptant un air faux-cul, je dis :

— Je l'ai envoyé se poster sur le chemin douanier, commandant.

— Vous auriez dû m'attendre ! fustige-t-il. Mon idée est la même, mais vous auriez pu m'attendre. Je suis déçu, capitaine. Bon, vous m'accompagnez mais je vous serais reconnaissant de ne plus rien entreprendre sans m'en parler auparavant.

Il commence à m'énerver, avec ses grands airs et cette manière bien à lui de débarquer comme un cheveu sur la soupe pour s'attribuer les lauriers de la victoire.

Contraint de masquer mon irritation, je lance un clin d'œil complice à David avant de me glisser hors de la bagnole.

La construction occupe l'extrémité de l'impasse, en bordure du chemin côtier. Elle ne se démarque pas des autres et j'estime curieux que, de par sa profession, l'architecte n'ait pas tenté d'apporter sa touche personnelle à cette maison des années soixante. Elle se présente sur deux niveaux et est en partie cachée par une végétation touffue et envahissante en contraste avec la pelouse fraîchement coupée.

— Il est là, glisse Bernier en tapotant le capot d'une 307 bleu nuit. Nous avons été présentés lors d'une soirée chez des amis communs. Le nom ne me disait d'abord rien, mais je me souviens maintenant de ce couple et de cette voiture.

Le portail est fermé, mais pas à clef, et il actionne la poignée. Une seconde automobile bloque l'ouverture du portail si bien qu'il est difficile de passer. Il ne fait aucun doute que la conductrice a reculé après avoir engagé son véhicule sur le passage qui mène à un garage au rez-de-chaussée de la maison. Je vais pour refermer quand je sens une résistance et le visage de Pierre-Édouard de Vitreux de Barnac jaillit. Je ne tiens pas à donner l'éveil à nos hôtes et lui demande à voix basse :

— Que faites-vous ici ?

— Je vous ai suivi en taxi. Je viens avec vous.

— Hors de question ! Ceci n'a rien à voir avec l'affaire qui nous lie. Déguerpissez !

Il simule de se retirer puis avance un pied. David Journot a accouru dare-dare en apercevant le baron, et tente également de le faire refluer.

— Je viens quand même, insiste l'intrus. Lâchez-moi ou je crie.

— Qu'est-ce que c'est que ce bazar ? interroge Bernier agacé par ce contretemps et par cet inconnu qui menace notre effet de surprise.

— Je vous présente le baron Pierre-Édouard de Vitreux de Barnac, commandant. Il était l'ami de Marc Pagel, le noyé.

Le visage de Bernier s'éclaire. Il fait demi-tour

pour saluer l'arrivant et tend une main soigneusement manucurée.

— Un baron ! Comme c'est intéressant ! Je suis le commandant Daniel Bernier, le supérieur du capitaine Moreau. Maxime, pourquoi m'avez-vous tu la noblesse de Monsieur ?

— Eh bien je…

— Nous verrons cela plus tard. Que nous vaut votre présence, baron de Vitreux ?

— Je suis des vôtres, commandant. Tout ce qui touche à la disparition de mon ami revêt pour moi un intérêt primordial.

— Laissez-nous agir, pesté-je. Nous sommes ici pour un autre motif. Tout ceci n'a strictement rien à voir avec…

— Allons, capitaine, tempère Bernier ! Le baron souhaite nous accompagner et nous voir à l'œuvre. Il faut le comprendre, le cher homme : même si cette enquête n'a aucune relation avec la mort brutale de son compagnon, nous pouvons exceptionnellement accepter sa présence. Je vous en prie, venez. Lâchez monsieur le Baron, lieutenant Journot !

Les bras nous en tombent, à David et à moi.

Aveuglé par le titre nobiliaire de l'importun, le commandant a perdu de vue la possible dangerosité de l'intervention. Au point où nous en sommes, inutile pour David de demeurer à couvert, si bien que nous sommes quatre à gravir la volée de vingt-deux marches. Ayant intimé le silence, le commandant appuie sur la sonnette. Il s'écoule un temps infini avant qu'enfin la porte ne s'ouvre sur la maîtresse de maison, une quinquagénaire bien en chair.

Elle affiche un air inquiet et soucieux et s'efforce de conserver la porte ouverte au minimum, comme si elle voulait préserver l'intimité de son nid en ne l'exposant pas à nos regards curieux.

— Bonjour... madame Chauveau... Je suis le commandant de police Bernier. Je désire vous voir, vous et votre mari.

— Mais... Mais...

— Pardon, Madame.

Autoritaire, il entre et nous lui emboîtons le pas. Sidérée par cette intrusion, la femme Chauveau reste bouche bée et porte la main à l'emplacement de son cœur. Elle manque de défaillir et se retient à un meuble bas encombré de chinoiseries en ivoire et d'une photo de mariage.

— Où est votre époux ?

Elle ne prononce pas le moindre mot, mais jette un regard vers une porte qui, je suis prêt à le parier, conduit au sous-sol. Je m'en approche à grandes enjambées et elle pivote comme j'allais pour poser la main sur la poignée. L'homme qui émerge de l'étage inférieur arbore un sourire crispé et gêné. La cinquantaine, dégarni et bedonnant, il porte un pantalon de tergal et une chemise boutonnée jusqu'en haut sous un épais gilet de laine. Il bredouille un mot d'excuse à mon encontre, referme hâtivement la porte et interroge sa femme d'une mimique. L'air lui manquant toujours, celle-ci ne peut proférer un mot. Négligeant mon supérieur, je prends la parole et apostrophe l'architecte :

— Nous agissons sur commission rogatoire, monsieur Chauveau, et allons perquisitionner votre domicile… D'ores et déjà, vous et votre épouse êtes en garde à vue. Nous pouvons, si vous le souhaitez, téléphoner à un avocat ou à un tiers de votre connaissance.

A son tour, il suffoque et garde le silence. S'apercevant que sa femme ne lui est d'aucune aide, il se ressaisit et s'écrie :

— Où vous croyez-vous ? Je suis quelqu'un de respectable et très connu dans certains milieux.

Je le sens mal parti, Chauveau. Son attitude me déplaît et je fais de louables efforts pour garder mon calme et ne pas le gifler.

— Veuillez nous suivre lors de la perquisition. Où donne cette porte ?

— Sur mon bureau, réplique-t-il avec aplomb. Je n'ai rien à cacher, vous savez.

Je ne suis pas disposé à perdre du temps à discuter, aussi je lui expédie un regard sans aménité. Avant d'entamer la descente d'un escalier en colimaçon, j'ordonne à Fournot de rester à l'étage. Chauveau me barrant l'accès, je lui mets un solide coup d'épaule et ignore ses plaintes exagérées. Fidèle à mon habitude, je compte les marches, vingt-deux également, et atteins une pièce pas très grande, éclairée partiellement par la lumière du jour grâce à deux soupiraux munis de barreaux. Je titille le commutateur et une lampe halogène permet de mieux découvrir les lieux. Un bureau, une chaise sur roulettes, une commode et une table à dessin composent le mobilier. Une moquette saumon impeccable recouvre le sol.

Percée d'une porte, la cloison de séparation entre le bureau et le garage est rendue totalement invisible par une imposante bibliothèque. Le mur aux soupiraux et celui lui faisant face sont ornés de photos de pyramides égyptiennes. Plus étonnant, le mur derrière le bureau est tapissé d'une affiche grand format d'un film américain des années cinquante. C'est vers elle que je m'avance, comme guidé par mon instinct. J'ai beau l'observer et tâtonner à droite, à gauche, elle ne livre malgré tout aucun secret.

Je pensais pourtant être sur la bonne voie et montre quelques signes d'énervement devant ce que je considère être un échec. Souhaitons que le premier ou le deuxième étage livrera un secret. Là-haut, les vociférations ont cessé. Entendant du bruit dans l'escalier, je me déplace pour accueillir l'arrivant. Avant de voir son visage, je distingue le pantalon en tergal de Chauveau et m'attarde sur une tache de couleur claire au niveau du genou droit. A sa vue, je réalise que je touche au but, car j'ai repéré au pied de l'affiche cette même poussière de ciment qui constelle le pantalon de l'architecte, salissure incongrue en cet endroit si soigné.

— Alors ! m'agresse Chauveau. Vous voyez bien qu'il n'y a rien ici. Vous allez regretter votre…

— Surveillez-le, dis-je à Bernier qui survient, suivi de Pierre-Édouard et de l'épouse Chauveau.

Puis à l'adresse de l'architecte :

— Il est encore temps de tout avouer… Faites preuve d'un soupçon d'humanité et épargnez-nous une perte de temps en nous indiquant où vous l'avez caché.

— Vous divaguez, Monsieur. Soyez persuadé que vous entendrez parler de moi. Je vais appeler mon avo…

Tant de mauvaise foi est intolérable. Son entêtement à me la jouer blanc comme neige m'est insupportable. J'y mets tout mon cœur et lui envoie mon poing à la pointe du menton. Ses yeux se vident de toute expression, il effectue un étrange saut en arrière et s'étale de tout son long devant la commode, groggy. En hurlant comme une possédée, sa dame se fraye un chemin entre Pierre-Édouard et le commandant et s'agenouille près de lui. Sans tenir compte des protestations de mon supérieur quant à ma conduite, je retourne près du mur à l'affiche et le sonde une nouvelle fois. Le même son mat me répond. Du moins, autant que je puisse me faire une idée par delà les désapprobations et les critiques indignées qui emplissent la pièce, et ceci sans compter les reniflements de Clotilde Chauveau. Ce brouhaha m'empêchant de travailler consciencieusement, je pivote sur mes talons pour réclamer le silence.

Sans porter attention à la grimace outrée de Bernier, je me remets à l'œuvre. J'agis méthodiquement, une oreille collée contre la cloison et tapotant de mes phalanges différents endroits. Recevant en tous points le même écho, je vais pour me résigner à abandonner quand je discerne un léger creux à hauteur de hanche. Si je n'avais eu l'oreille contre l'affiche et, par conséquent, l'œil au ras de sa surface, il serait passé inaperçu. Rond, d'un diamètre de quelques millimètres, il a été percé dans la bande noire qui entoure l'affiche. L'intérieur du trou a été peint de la même couleur, ce qui le rend totalement invisible.

Assisté de mon crayon-lampe, un cadeau de Murielle, j'observe le mécanisme. Je devine au fond du trou une espèce de petite trappe qui doit livrer accès à une commande d'ouverture. Je conserve en permanence dans le coffre de ma Peugeot une caisse à outils et je pense à un tournevis assez fin qui fera assurément l'affaire. Assurant Bernier de la brièveté de mon absence, je file chercher le tournevis. De fait, je suis effectivement de retour trente secondes plus tard. Lucien Chauveau est toujours allongé près de la commode. A son côté, Clotilde pleure comme une Madeleine en lui tenant la main. Certes, je lui ai mis un bon crochet mais, de là à l'assommer, je ne me savais pas doté d'une telle force ! Durant mon absence, le commandant et Pierre-Édouard ont jeté une œillade dans le garage auquel on accède par une étroite porte. Ils me rapportent qu'il ne contient rien de spécial ou, en tout cas, rien en liaison avec notre affaire. Ils me regardent m'accroupir et tenter de soulever la petite trappe à l'aide de l'extrémité du tournevis. Comme je le subodorais, elle cache ce que je crois être une tête de vis. Je place la partie plate du tournevis dans la fente et tourne dans le sens inverse des aiguilles d'une montre. Il s'opère alors un phénomène incroyable : l'affiche et, avec elle, le mur tout entier pivotent. Je ne suis pas peu fier de mon triomphe et vais pour me relever quand je suis stoppé dans mon geste par un cri aussitôt suivi de deux détonations. Roulant au sol tout en agrippant mon arme, je me mets en position de tir, un genou à terre. En un éclair, j'entrevois la scène et comprends qu'on est passé tout près d'un carnage. Chauveau a recouvré ses esprits et a profité de ce que je m'escrimais sur le système de sa fabrication et que Bernier et de Vitreux ne me quittaient pas du regard, pour saisir un flingue dans le tiroir supérieur de la commode. Me jugeant comme le plus dangereux, il a décidé de m'expédier la première balle. Pierre-Édouard, averti de la situation par le cri de David Journot qui surgissait au bas de l'escalier, s'est placé sur la trajectoire et a reçu dans la cuisse la balle qui m'était destinée. Avec la promptitude de sa jeunesse, David a alors dégainé et logé un projectile dans le bras de l'architecte avant que celui-ci n'ait le temps de réitérer son essai. Je suis conscient d'avoir frôlé la mort et me précipite amortir la chute de mon sauveur. Et dire que je ne voulais pas qu'il nous suive ! Une fois encore, foin de longs discours entre nous : à mon expression, le baron sait mon incommensurable gratitude. Sans perdre une seconde et tout en maintenant Chauveau en joue, David pare au plus pressé et ramasse le revolver. Au bord de l'hystérie, effrayée par les détonations et l'odeur de la poudre, Clotilde Chauveau se met à hurler de plus belle, enfonçant ses ongles dans le gras de ses propres avant-bras puis s'étend sur son époux en pleurant de plus belle.

Une seule personne n'a pas esquissé le moindre geste, comme tétanisée par la violence et la rapidité de l'action. Bernier peu enclin à l'action, reste les bras ballants et se contente de pousser de petits « mais… mais… ». Je lui glisse mon Sig-Sauer SP dans la main, lui conseille d'appeler une ambulance et retourne près de l'ouverture enfin dégagée. Je redoute un triste spectacle. Il est encore pire que ce que je supposais : un petit garçon, âgé d'environ six ans, est prostré sur un matelas posé à même le sol. Le réduit dans lequel il était caché mesure un mètre cinquante sur trois et contient en plus du matelas une caisse retournée sur laquelle sont disposées une bouteille d'eau, une banane, une pomme et plusieurs portions de fromage. En me voyant, l'enfant recule contre le mur et se met à frissonner. Dans ses yeux se reflète une indicible frayeur et j'entends nettement ses dents s'entrechoquer. Ce bruit, je le sais, me hantera longtemps. Ne souhaitant surtout pas l'affoler, j'hésite sur la conduite à adopter.

Un coup de sonnette apporte une diversion. David, qui était monté téléphoner aux secours, revient dans la pièce, une femme sur les talons. Il s'agit de la responsable de la DDASS dont j'avais demandé la présence au procureur. De l'index je lui demande d'approcher et désigne la cachette. Tandis qu'elle s'agenouille à l'entrée et parle doucement au petit garçon, je m'avance vers Chauveau que David aide à se relever après l'avoir menotté.

— Vous avez perdu.

XIII

Deux sentiments contradictoires m'animent à mon arrivée au numéro un de l'avenue de la Gare. D'une part, je me félicite de la mise hors d'état de nuire des époux Chauveau et de l'achèvement des souffrances physiques et morales du petit garçon. D'une autre, je rêve de serrer le cou d'Olivier Lamingue jusqu'à ce que mort s'ensuive. Cette volonté, bien évidemment, n'est pas compatible avec ma fonction, et je dois tempérer la colère qui m'étouffe. Pourtant, à l'idée de le recevoir dans mon bureau, une vague de rage me submerge. Je me demande même si je pourrais mener correctement l'interrogatoire. En effet, les aveux de cette ordure au sujet de la livraison du pauvre gosse à ses bourreaux par lui-même et son acolyte Richard Berthou, ont produit un effet de boule de neige qui a mené à l'assassinat de Sylvie. A bien y réfléchir et en connaissant les tenants et les aboutissants de ce point de l'enquête, je réalise qu'une avalanche de coïncidences a causé la perte de mon amie. De par sa profession, elle était informée de la condamnation pour pédophilie de Clotilde et Lucien

Chauveau. Aussi, en voyant la femme acheter des sous-vêtements pour enfants, a-t-elle soupçonné qu'il se tramait quelque chose. Me sachant accaparé par mon travail, elle a décidé de s'investir et s'est mise à épier le couple. Cela, ce sont eux qui me l'ont raconté, car cette surveillance ne leur était pas passée inaperçue. Pour la rassurer et infirmer ses soupçons, ils se sont conduits en français moyens, emprisonnés dans leurs habitudes. Le hic : un défaut dans le système de fermeture de la cache du petit garçon. Celuici en a profité pour gagner le bureau de l'architecte et grimper sur la commode, son visage se trouvait alors à la hauteur du soupirail. Comme Clotilde lui descendait son repas, elle l'a vu et a donné l'alerte. Ce soupirail donnait sur le sentier côtier. Sylvie, désormais certaine de la présence d'un enfant dans les murs du couple maudit, a composé mon numéro de téléphone. La suite est aisée à établir : Lucien Chauveau s'est dépêché de sortir, a rejoint le sentier par le portillon au fond de son jardin et a surpris Sylvie au tout début de notre conversation. Il n'a eu d'autre choix que de la faire taire.

Lucien Chauveau et Pierre-Édouard de Vitreux ont été conduits à l'hôpital de Quimper. Le lieutenant Luc Pallas et le commandant Victor Bernier les ont accompagnés, le premier afin de surveiller le pédophile, le second se découvrant une soudaine et indéfectible amitié pour le baron.

Lamingue est amené dans mon bureau par un brigadier et assis avec moins de ménagements que précédemment.

Les menottes lui sont retirées, mais le brigadier prend un malin plaisir à les faire tinter de longues secondes au ras de son oreille. Je tombe ma veste et vais me poster près de la fenêtre, bras croisés. Comme Lamingue me regarde, je lui souris style grand seigneur plein de mansuétude.

— Eh bien voilà ! On touche au but. Pour ta gouverne, sache que le gosse est en sûreté. Quant à ses tortionnaires, ils ne reverront pas la mer de si tôt. D'un autre côté, mes collègues de Nantes s'occupent des personnes dont les noms figurent sur le carnet de Berthou. L'affaire est donc en passe d'être réglée. Du moins en aval ! Pour ce qui est de l'amont, on va s'y mettre. Et tout de suite ! Remarque, ce ne sera pas très compliqué : il ne me manque qu'un nom, un seul. Et ce nom-là, tu vas me le donner, mon salaud ! De gré ou de force, je compte l'obtenir ! Alors, simplifie-nous la vie à tous les deux : coopère ! Qui vous a remis l'enfant et les cassettes ?

A son faciès je saisis que Lamingue n'entend pas lâcher le morceau aussi facilement.

L'ennui, c'est qu'aujourd'hui je ne suis pas d'humeur conciliante. Je ne pense pas être tenu par le temps, mais il est possible que d'autres gosses endurent d'affreuses souffrances à l'heure actuelle. Auquel cas, je dois tout mettre en œuvre pour qu'elles cessent au plus vite.

— Mettons les points sur les i, veux-tu… Ce que tu as fait est grave, très grave même, mais pas autant que pour ceux que tu m'as permis d'arrêter cet après-midi. Tu te souviens de ma feuille séparée en deux colonnes, d'un côté les bons points et de l'autre les mauvais ? Ton trafic équivaut à, disons, cinq traits dans celle des mauvais points. En contrepartie, tes aveux te font bénéficier de deux traits dans celle des bons points. La balance ne s'équilibrera jamais, tu le sais bien, mais, avec un peu de bonne volonté, tu peux limiter les dégâts. De toutes façons, franchement, tu as plus à gagner qu'à perdre. Tel quel, je te vois parti pour sept, huit ans de taule. Balance ta source et tu t'évites trois années à l'ombre, sans l'agréable compagnie de ta femme et de tes filles…

Ses épaules se sont effondrées et ses yeux hagards restent bloqués sur le mur derrière moi. Il essuie à tout bout de champ ses mains moites sur son pantalon et de la sueur perle à son front et aux ailes de son nez.

J'imagine qu'il cogite à toute vitesse, pesant mes paroles et craignant à raison pour son avenir. Toutefois, dans son état, bien des notions lui échappent et il ne doit pas envisager froidement la situation. Ce manque de lucidité me convenant, je souhaite pousser mon avantage.

— Tu connais “l’Hermitage”, à Brest ? C’est pas le Ritz ! Et encore, je parle de la bouffe et du couchage ! Point de vue clientèle, là non plus, ce n’est pas le top ! Jusqu’ici, tu as fréquenté de petits magouilleurs, mais là tu vas être servi ! Tu vas en rencontrer, des solides, qui vont se faire un plaisir de te faire découvrir la vie en communauté. Dès le premier soir, fais-moi confiance, tu vas connaître le bonheur ! Si tu veux un conseil, essaie de chiper une noisette de beurre à la cantine…

La violence de mes paroles produit l’effet escompté. Lamingue se met à sangloter comme le grand gosse qu’il est.

Un moment je me dis que j’en aurais été pour mes frais s’il s’était écrié « youppie ! » à l’idée de vivre le prochain quinquennat en présence exclusive d’hommes. Il aurait alors fallu que je modifie mon texte.

— Je ne te travaille pas au moral, Lamingue. Ce que je te raconte n’est que pure vérité. Note qu’il y en a à qui ce programme plaît. J’ai d’ailleurs connu un gars qui commettait connerie sur connerie pour aller en taule faire le plein d’émotions. C’était pourtant sans affection que ses copains de chambrée devenaient ses partenaires ! Et, crois-moi, il n’y avait pas de préliminaires ! Mais il adorait ça ! Chacun son truc, hein ! Alors, si ce programme te branche, continue comme ça. Sinon, je t’écoute.

Il hésite encore et, le sentant prêt à fléchir, je conclus :

— En bref, une alternative : tu te tais et tu écopes du maximum ou tu causes et j'en tiendrai compte. En plus, petit veinard, le directeur de "l'Hermitage" est un copain. Je pourrai peut-être t'avoir une cellule à peu près confortable. Et des compagnons triés sur le volet que ton petit fion n'intéresse pas.

Lamingue passe un revers de manche sur son visage, renifle fortement et crache enfin ses informations. Oh, il ne parle pas longtemps. Juste assez pour indiquer l'endroit où lui et Berthou ont pris réception du gamin, sans oublier bien sûr le nom du fournisseur.

XIV

S'il ne tenait qu'à moi, je foncerais alpaguer le commissionnaire dénoncé par Lamingue. Je le frapperais jusqu'à ce que mes poings me fassent mal, je lui crèverais les yeux, je lui arracherais des lambeaux de peau, je... Me retenir est un supplice, mais je me plie aux ordres du commandant et à la logique policière. Au fond de moi, je sais que Bernier a raison : seule, une surveillance discrète nous permettra de remonter au maillon suivant de cette affreuse chaîne. De plus, selon les dires de Lamingue, aucun autre gosse ne croupit entre les mains de détraqués sexuels, ce qui exclut l'urgence d'une intervention.

Le procureur ayant délivré une OPP, une ordonnance de placement provisoire, le petit garçon a été confié à un foyer par la représentante de la DDASS. Patiemment, elle est parvenue à le mettre en confiance et à entamer le dialogue. Pour cela, il a fallu l'assistance d'une interprète car il s'avère que Javier est originaire du Chili. Il est arrivé en Europe à l'issue d'une interminable traversée en bateau. Le temps et une armée de psychologues et autres pédopsychiatres vont tenter d'effacer ce calvaire. Nul doute qu'ils n'y parviendront pas, la blessure est trop importante, mais au moins juguleront-ils la douleur.

Pallas et Fournot se relaient pour observer les habitudes du suspect. Pour ma part, je me lance dès le lendemain matin de cette double arrestation dans une longue et pénible série de vérifications, ponctuée de coups de téléphone. Tout d'abord, j'apprends par la gendarmerie maritime qu'un cargo est passé à faible distance des îles Glénan la nuit de la livraison du petit Javier et des cassettes à caractère pédophile. Ceci aurait pu demeurer inconnu des autorités si un bolincheur n'avait failli le percuter, les feux de position du navire étant éteints. Le commandant du cargo a alors fait allumer les feux et adressé ses excuses au patron du bolincheur, mais celui-ci n'a pas manqué de relever son nom et son port d'attache et d'en aviser les Affaires Maritimes dès l'ouverture des bureaux. Après quelques recherches, il a été établi que le navire en question venait de Southampton, en Grande-Bretagne, et se rendait à Bordeaux. Ce cargo bat pavillon chilien, ce qui confirme la nationalité de Javier. Il ne fait plus l'ombre d'un doute que j'ai mis dans le mille.

A la Lloyd's, la compagnie d'assurance de tout ce qui navigue à la surface du globe, un responsable m'indique les coordonnées de l'armement propriétaire de ce cargo, le “Parda Sea”, basé à Valparaiso et le nombre de ses unités : quinze. Je demande ensuite à ce que ces bateaux soient localisés. En attendant ces renseignements qui mettront sûrement des heures avant de me parvenir, je viens à me souvenir d'un confrère chilien susceptible de me tuyauter sur cet armement.

Je l'avais rencontré à Berlin quelques années auparavant, lors d'un congrès de l'International Police Association, une association conviviale visant à nouer des contacts amicaux entre policiers de tous horizons et dont je suis adhérent depuis le début de ma carrière. Le hasard nous avait placés l'un à côté de l'autre et, lorsque les discours des intervenants ne nous intéressaient pas, nous conversions de nos expériences respectives, de nos conditions de travail et de l'apport de la science et de la technique dans notre profession. Pour ce faire, nous n'utilisions pas sa langue natale, l'espagnol, que je maîtrise pourtant assez bien, mais le français dont le chilien possédait de solides bases. Tout naturellement, nous avions sympathisé, passé nos soirées ensemble et échangé adresses et numéros de téléphone. Je mets rapidement la main sur ses coordonnées et appelle :

— Carlos ? Carlos Gymenez ?

— Si ! fait une voix ensommeillée.

— Bonjour. Maxime Moreau, de France. Tu me remets ? On s'était vus à Berlin il y a trois ans, au congrès de l'IPA.

— Si, Max ! Tu es devenu fou ? Tu sais qu'il est six heures du matin ici ?

Le timbre de sa voix est toujours le même. Son inégalable manière de rouler les "r" m'amuse et me transporte Outre-Rhin trois années en arrière.

— Oui, je sais. Mais tu connais le proverbe : l'avenir appartient à ceux qui se lèvent tôt.

— Ce n'est pas un proverbe chilien !

— Bah, tu te coucheras plus tôt ce soir. J'ai besoin de ton aide, mon ami.

— A ta disposition.

— Tu es bien réveillé ? Alors écoute : il me faudrait des informations sur une compagnie de navigation maritime, la "Parda Sea", à Valparaiso. Tu connais ?

— La "Parda Sea" non, mais Juan Manuel Parda oui.

— Tu m'intéresses.

— C'est un gros poisson, ici au Chili. Il possède la "Banque Parda", la "Parda Télévision", une grosse société de transports routiers, les studios cinématographiques "Parda Films"... On sait qu'il n'a pas bâti cet empire en se gardant le nez... Comment tu dis ?

— Propre.

— Si, propre. Jamais on n'a réussi à le coincer ni même à l'inquiéter car il a des politiques et des hommes très influents dans la poche. Qu'est-ce que tu lui veux, à Parda ?

Je lui narre mon enquête et les déductions auxquelles je suis parvenu. Sans les commenter, Gymenez répond sur un ton calme :

— J'ai entendu parler de ces films. Certains de mes collègues cherchent de ce côté mais ils n'ont encore rien découvert. De toutes façons, même s'ils découvraient quelque chose... Parda est ce que l'on appelle un intouchable.

Quelques secondes de silence témoignent de la concordance de nos pensées. Je l'entends soupirer, puis il s'enquiert sur un ton chargé d'espoir :

— Que comptes-tu faire ? Tu espères remonter jusqu'à Parda ?

— Peut-être. Il faudra pour cela que je prouve sa participation à ce trafic, sinon il aura beau jeu d'affirmer tout ignorer de ce qui se trame sur ses bateaux. C'est peut-être d'ailleurs le cas.

— Oh non ! Pour créer une carambouille pareille, je ne vois que Parda. Je n'imagine pas le commandant d'un cargo s'empêtrer dans la mise au point de toute cette combine. Qui plus est à l'insu de Parda.

— C'est vrai que cela représente du boulot, entre la réalisation des films et ce qu'il faut bien nommer la distribution. Cela signifie une équipe sur place et un nombre conséquent de contacts en France, voire dans d'autres pays.

— Parda connaît beaucoup de monde. Pas seulement au Chili, d'ailleurs.

— Tu n'aurais pas une photo de lui ? Il semble célèbre dans ton pays, mais j'avoue que j'ignorais jusqu'à son existence avant ce matin.

— Je peux te trouver cela. Tu as un fax ?

Je lui donne le numéro et nous raccrochons en promettant de nous rappeler bientôt. Le temps de charger Fournot de vérifier un détail et de m'adjuger un café, j'ai la gendarmerie de Pont-Aven en ligne.

— Bonjour, mon adjudant. C'est bien vous qui enquêtez sur la disparition du Christ de la chapelle de Trémalo ?

— Oui. C'est vous, capitaine Moreau ?

— Tout à fait. Vous vous souvenez que, la même nuit, un manoir a également été la cible de notre duo de cambrioleurs ? Mes collègues de Versailles ont perquisitionné chez un brocanteur. Ils y ont retrouvé ce qui avait été dérobé dans ce manoir, à l'exception des tableaux. A l'aide de portraits-robots, nous sommes remontés jusqu'aux voleurs. L'un est décédé depuis, l'autre a fini par avouer et nous indiquer où se trouvent les tableaux.

— L'enquête est donc terminée pour vous…

Depuis le couloir, David annonce d'un pouce levé la fin de sa vérification.

— Et pour vous aussi, car le Christ et les tableaux sont actuellement en possession du collectionneur qui a passé commande. Je vous propose de participer à son arrestation.

Il est soufflé par cette offre, l'adjudant. Alors que je suis sur le point de triompher, je l'invite à un équitable partage de la victoire. Cette attitude n'est, il est vrai, pas banale, en notre époque truffée d'actes d'un égoïsme exacerbé.

Cette démarche le laissant pantois, il tarde avant d'ânonner :

— Pourquoi vous… Pourquoi ?

— Ne cherchez pas à comprendre, mon adjudant. Disons que c'est mon jour de bonté. Êtes-vous disponible cet après-midi ?

— Heu, oui…

— Eh bien venez donc à Concarneau vers treize heures trente. D'ici là, je demande une commission rogatoire. Ah, faites-vous accompagner par l'un de vos hommes et persuadez monsieur le maire de Pont-Aven de venir également.

*

* *

Comme souvent dans ce foutu métier, j'ai déjeuné d'un sandwich et d'un café.

Je suis en train de régler les derniers détails de l'opération quand le lieutenant Frédéric Gaubert passe me saluer. Pour sa reprise, après deux semaines de vacances, il affiche un bronzage parfait. Avec sa gueule d'ange, ses yeux bleus et sa magnifique dentition, on le sent parti pour faire de nouveaux ravages et remporter moult succès féminins.

Comme je lui raconte les quinze jours écoulés, il n'en revient pas.

— C'est pas vrai, ça ! Il ne se passe jamais rien ici et il suffit que je parte en vacances pour qu'enfin il y ait du boulot intéressant. C'est tout moi, ça ! Comme si j'avais été embauché uniquement pour mettre au gnouf des ivrognes ou des jeunes un peu foufous.

— Console-toi, tu seras présent pour le gros coup de filet final. Avant cela, on doit surveiller un suspect et attendre que la machine se mette en branle. Le reste, c'est de la gnognotte. Tiens, mate-moi ce bijou !

— Ouah ! C'est quoi ?

— Pas touche ! ordonné-je en levant la main sur la sienne qu'il avançait déjà. Voici le Sig-Sauer SP qui va remplacer nos vieux Manurhin.

— Le Zig-Sauer SP ?

— Pas le Zig, le Sig ! Fabrication allemande, neuf millimètres, chargeur de quinze munitions... Le top du top !

— Où est le mien ? Je ne l'ai pas vu dans mon bureau.

— Tu devras attendre quelques mois, Fred. Je viens de le recevoir et, pour l'instant, je suis le seul à en posséder un.

— Comment ça le seul ? Même le commandant n'en a pas ?

— Même le commandant ! Et, tout à fait entre nous, à quoi ce joujou lui servirait-il ? Je suis certain que son Manurhin est à moitié rouillé au fond d'un tiroir. Mais ne le lui répète pas, il serait vert de jalousie.

— Comment ça se fait ? demande-t-il sans quitter l'arme des yeux.

— Réservé aux flics d'exception, dis-je, fanfaron. Bon, file relever Luc ! Il doit être dans sa bagnole sur le parking de l'Office de Tourisme. Il t'expliquera sur place de quoi il retourne.

En sortant de mon bureau, Gaubert manque de se cogner à l'adjudant Pedretti, au gendarme qui l'accompagne et au maire de Pont-Aven, Pierre-Yves Le Sellin, que je connais de vue. Je me lève et vais à leur rencontre.

Nous nous serrons amicalement la main puis je hèle Fournot :

— David, fais un saut au cabinet du docteur Cohen et assure-toi qu'il a terminé ses consultations. Si c'est le cas, bigophone-moi.

J'attends qu'il ait disparu en courant puis me tourne vers mes hôtes.

— Merci d'être venus, Messieurs. J'ai obtenu la commission rogatoire et nous allons pouvoir perquisitionner chez le suspect. Bien entendu, monsieur le

Maire, vous resterez dehors au début de l'intervention. Se sachant démasqué, il pourrait se montrer violent, voire dangereux. Nous vous appellerons lorsque la maison et ses habitants seront sous contrôle.

Le Sellin acquiesce et je poursuis à l'adresse des gendarmes :

— Il est vraisemblable qu'il conserve les tableaux et le Christ chez lui et non à son cabinet.

— Les exposer dans la salle d'attente de son cabinet, au vu et au su de ses patients, n'aurait, il est vrai, pas été sans risques, renchérit l'adjudant.

— Si j'ai bien compris, interrompt le maire le Pont-Aven, le docteur Cohen est votre suspect. Comment en êtes-vous arrivé à le soupçonner ?

Un sourire énigmatique sur les lèvres, je croise les bras et déclare sur un ton détaché.

— C'est une longue histoire, monsieur le Maire. Il a fallu tout un tas de vérifications, de filatures, d'interpellations et d'interrogatoires, pour, progressivement, accumuler des renseignements et être persuadés de la participation du médecin à cette affaire. Certes, en tant que receleur seulement, mais son implication est bel et bien réelle. A ce sujet et, comme vous m'en donnez l'occasion, je tiens à souligner la qualité du travail et le professionnalisme de l'adjudant Pedretti. Sans son aide précieuse, il y a fort à parier que Cohen et ses complices n'auraient jamais été inquiétés.

Pedretti, les yeux exorbités et la bouche ouverte en quête d'oxygène, recule sur sa chaise. Ma sortie le sidère tellement qu'il ne peut proférer le moindre son et doit se contenter, comme une carpe, d'ouvrir et de fermer la bouche. Son subordonné, qui espère une explication et guette sa réaction, promène son regard de mon visage à celui de Pedretti. Pendant ce temps, Le Sellin flatte la cuisse de l'adjudant et lui serine :

— Bravo, mon adjudant ! A travers vous, c'est la réputation de votre brigade tout entière qui sort grandie de cette affaire.

Pedretti feint d'accepter le compliment... Il se compose un visage empreint de modestie tout en me lançant des SOS muets. En douce, je m'amuse de son effarement et renforce, taquin :

— L'adjudant Pedretti est d'un naturel effacé, monsieur le Maire. Sa discrétion et son humilité sont tout à son honneur. Alors que d'autres se pavaneraient, lui, tait l'importance de son travail, la prépondérance de son rôle et la justesse de ses déductions.

— Je m'en rends compte, capitaine Moreau. Tout à l'heure, dans la voiture, ce petit cachottier affirmait ne rien savoir de ce qui nous menait ici. Je veillerai personnellement à ce que ses supérieurs soient avertis et je clamerai au conseil municipal tout le bien que je pense de cet homme.

— Si vous voulez mon sentiment, monsieur le Maire, une promotion serait on ne peut plus méritée.

— Je ferai ce qui est en mon pouvoir, mais il est bien évident que la décision ne m'appartient pas. Sinon, vous imaginez bien que…

La sonnerie du téléphone le coupe, au grand soulagement de Pedretti qui, je le devine, attend de me coincer entre quatre yeux pour tenter d'y voir plus clair. Avant de décrocher, j'enfonce le clou :

— L'adjudant vous donnera plus tard les détails de cette rocambolesque aventure. Allô ?

— Allô, Max. Le toubib n'est plus à son cabinet.

— D'accord. On se retrouve à Lanadan. Tu nous attends à l'entrée de la rue sans te faire remarquer.

Puis, à mes visiteurs :

— Allons-y, Messieurs. Voici le dernier acte.

*

* *

Ayant rejoint Fournot, nous laissons les véhicules à distance et progressons à pied. Malgré sa promesse, Pierre-Yves Le Sellin fait quelques difficultés à l'idée de rester seul au dehors le temps de l'arrestation, mais finit par abdiquer et allume une cigarette en nous regardant nous éloigner. Pedretti en profite pour allonger le pas et se placer à mon côté.

— Expliquez-moi votre attitude, capitaine Moreau. Vous savez que je ne suis pour rien dans cette interpellation. Pour tout dire, je ne sais pas ce que je fais ici.

— Ne vous inquiétez pas ! J'ai tout simplement décidé de vous attribuer le succès de cette opération. J'agis selon une logique qui vous échappe... je le conçois, mais je vous demande de ne rien laisser paraître. Préparez plutôt votre texte pour le maire et appelez-moi plus tard : je vous livrerai quelques détails pour votre rapport.

De larges plis lui barrent le front et une moue boudeuse se dessine sur ses traits.

David Fournot et l'autre gendarme nous rejoignent à l'entrée du jardin, mettant un terme à notre conversation.

Des notes de piano s'échappent par une fenêtre entrouverte et cessent lorsque je sonne. Une femme ouvre après quelques secondes et nous observe en quête d'éclaircissements.

— Madame Cohen ? Police. Nous souhaitons rencontrer votre mari.

L'espace de cette phrase, elle a vieilli de vingt ans. De pétulante quinquagénaire, elle s'est transformée en une septuagénaire qui tente à grand renfort de maquillage de masquer les outrages du temps. De nombreuses ridules naissent au coin de ses yeux, ses joues semblent s'affaisser, son sourire d'accueil n'est plus qu'un rictus. Nous entrons sans en être priés et investissons la maison. Un piano déserté nous informe sur l'identité de la mélomane, tandis que le docteur Cohen, assis à la table de la salle à manger, nous scrute derrière ses petites lunettes. Cette intrusion le perturbe tellement qu'il garde la bouche ouverte sur la tartine de pain dans laquelle il allait mordre. Pince-sans-rire, je lui souhaite bon appétit avant de lui apprendre le motif de cette descente et de lui notifier ses droits.

Il repose sa tartine lentement. Se servant de la force de ses mains posées à plat sur la table, il se lève pesamment.

— Venez.

A la queue leu leu, nous le suivons à l'étage. Ayant attendu que nous soyons tous parvenus au sommet de l'escalier, il attrape un manche de bois et l'élève vers le plafond du couloir. A l'extrémité du manche se trouve un crochet qu'il glisse dans un anneau et tire. Descend alors un escalier amovible que j'escalade le premier.

Quelle féerie ! Dans un grenier sans fenêtre de plus de quatre-vingt mètres carrés, de petits spots sont braqués sur des tableaux, une quinzaine, et le Christ de Trémalo. Sur toute la longueur d'un mur, une lumière plus douce éclaire des dessins et des gravures.

Dans ce mini-musée, d'esthétiques cartels indiquent les noms des artistes et les titres des œuvres. Toutes de facture synthétiste, elles ont pour auteurs différents peintres connus pour avoir participé au mouvement pictural qui naquit à Pont-Aven à la fin du dix-neuvième siècle : Sérusier, Bernard, Moret, Maufra, de Chamaillard…

Au centre de la pièce, dans une vitrine, une paire de sabots sculptés par Paul Gauguin est installée sur un velours bleu nuit du plus bel effet. Je m'en mets plein la vue et siffle d'admiration avant de me tourner vers le médecin.

— Belle collection, docteur Cohen ! Je vous accorde cinq minutes pour lui dire au revoir.

XV

Les jours ont passé. Les lieutenants et moi, les nerfs à fleur de peau, rongeons notre frein. La minute M de l'heure H du jour J approche, sans que nous ne sachions pour autant laquelle elle sera. Une tension palpable règne au premier étage du poste de police et les gestes de mauvaise humeur, les mines renfrognées et les réflexions amères se font de plus en plus nombreuses.

Chaque sonnerie du téléphone requiert notre attention. En vain, pour l'instant. Un seul d'entre nous fait preuve d'entrain et apporte une touche de gaieté à ces interminables journées seulement troublées par de petits méfaits rapidement résolus : Fournot. En effet, je me suis arrangé pour qu'il accroche à son palmarès le succès de l'affaire relative à la mort de Sylvie Le Roux-Rupert. Fournot sait que j'ai opéré de même avec l'adjudant Pedretti pour l'affaire du Christ de Trémalo mais, malgré ses insistantes questions, je ne lui ai pas dévoilé la raison de mon attitude.

Luc Pallas n'est pas en reste car, lui, tire gloire de

l'affaire Derbain. Ayant bénéficié de la responsabilité de la restitution des œuvres, il me considère différemment et fait preuve de courtoisie et de respect à mon encontre.

J'ai profité de cette période de calme pour contacter l'OPAC (Office Public d'Aménagement et de Construction) et prier cet organisme d'attribuer un logement au rez-de-chaussée à Denise et Laurent Guder. La personne qui m'a répondu a juré de traiter ce dossier au plus vite. Les Guder dont j'avais, bien entendu, obtenu l'accord auparavant perdront la magnifique vue sur la baie que leur procure le quatrième mais gagneront en commodités.

Lamingue et le docteur Cohen ont été transférés à Brest, au centre pénitentiaire de l'Hermitage. L'épouse du médecin est incarcérée dans le même établissement brestois que Clotilde Chauveau. Au train où je fonctionne, il va falloir que l'administration pénitentiaire agrandisse ses prisons ou en fasse construire de nouvelles ! En l'espace de deux jours, je lui ai amené rien moins que cinq clients, si j'ajoute à cette liste Lucien Chauveau. Pas un mot n'a filtré de ces arrestations et, pour donner le change, j'ai fait garder ouverts les volets de la maison du quartier du Rouz. D'un autre côté, Annie Lamingue et ses filles ont pour consigne, si l'on essaie d'entrer en liaison avec leur époux et père pour un nouvel arrivage, de soutenir qu'elles ignorent où celui-ci se terre.

Pierre-Édouard de Vitreux de Barnac est sorti de l'hôpital. La balle extraite de sa cuisse, il se remet doucement de ses émotions et passe le plus clair de son temps dans sa chambre d'hôtel. Se déplaçant à l'aide de béquilles, il vient toutefois chaque jour au commissariat. L'assassin de Marc Pagel est toujours en liberté. Cela contrarie énormément le baron. Toutefois, lorsque je lui ai annoncé que l'enquête suivait son cours, il m'a jeté un regard éperdu de reconnaissance et saisi les mains. Puis, indigné par ma relative inertie, il m'a houspillé et menacé d'en aviser la presse et le commandant Bernier. Pour ma défense, j'ai dû lui narrer les différentes affaires que je viens de clore, à savoir deux cambriolages, un meurtre et la mise à jour d'un vaste trafic international sur fond de pédophilie. En partie convaincu, il a cédé et a fini par admettre l'impérieuse nécessité de patienter. Pour accréditer cette thèse, j'ai précisé que la petite mare de sang sur le quai provenait effectivement du corps de son ami. Force était donc de me laisser travailler.

En arrivant à mon bureau un matin, je trouve l'information que j'espérais depuis deux semaines : un cargo de la “Parda Sea” vient de quitter Plymouth pour joindre, selon l'avis de partance rédigé dans le port anglais, le port de Santander, en Espagne. Pour ce faire, il passera fatalement à proximité des côtes bretonnes. Après une longue période d'expectative, l'imminence de l'action génère en moi une agréable poussée d'adrénaline. Il importe de tout prévoir et d'être prêt, même si rien encore n'atteste d'une nouvelle livraison, aussi j'appelle le major Prenelle, responsable de l'antenne locale de la gendarmerie maritime et commandant de "l'Elorn", une vedette rapide de vingt mètres dotée de matériel haute technologie.

— C'est sans doute pour ce soir, major. Comme convenu, je vous propose de prendre d'ores et déjà position.

— A vos ordres, capitaine ! Nous larguons les amarres et nous nous rendons immédiatement aux Glénan, à "la chambre"*.

Puis je contacte Gaubert sur la radio de sa voiture :

— Salut, Fred. Que fait le suspect ?

— Il n'est pas sorti aujourd'hui. Il est chez lui et n'a pas bougé depuis hier soir.

— OK. Ne le lâche pas.

Enfin, je me mets en liaison avec la base de Lann-Bihoué et mon correspondant sur place, le capitaine de corvette Perhirin.

— Un navire venant de Plymouth, et faisant route pour Santander, empruntera le rail d'Ouessant dans la journée. Je souhaite que le Bréguet Atlantique m'avertisse si ce cargo se détourne de sa route initiale et s'approche plus que de raison des côtes sud de la Bretagne.

---

*Endroit abrité des îles Glénan.

— Entendu. Je demande au Bréguet de se charger de cette mission.

— Attention : il est nécessaire que l'équipage du cargo ne soupçonne rien d'anormal.

— Reçu cinq sur cinq. Je transmets.

— Une dernière chose : annulez la frégate de la Marine. Je crains que sa présence sur zone ne donne l'éveil.

Ces dispositions prises, je me décide enfin à prévenir le commandant Bernier. Cette fois, je frappe et attends son invitation pour entrer dans son bureau. Une dizaine de secondes s'égrène avant qu'il ne m'autorise à pénétrer dans son antre.

Je pige que ce sursis a pour cause l'amie rousse du patron, à laquelle je peux enfin donner un visage. Elle n'est pas du tout à mon goût, avec son maquillage étalé au couteau, sa crinière léonine et ses dix kilos de trop et, qui plus est, mal répartis.

Gentleman jusqu'au bout des ongles et, également dans le but de faire rager Bernier, je lui offre mon plus beau sourire.

Sur le coup, elle montre moins d'empressement à ajuster sa jupe tandis que ses yeux se mettent à papilloter. S'apercevant de la commotion de sa protégée, Bernier gronde soudain :

— Eh bien, capitaine ! Qu'y a-t-il ?

En deux mots, je le mets au courant. Sa conquête ne me quittant pas des yeux, il juge opportun de remettre les pendules à l'heure et clame pour démontrer la supériorité de son grade :

— Veuillez nous laisser, maintenant. Madame et moi avons à discuter. Il va sans dire que vous ne prenez plus aucune initiative, capitaine. Et rassurez-vous, je serai là ce soir pour vous appuyer et vous conseiller.

Je me dirige vers la porte. Mais, avant de la refermer, j'adresse en cachette de Bernier un clin d'œil lourd de signification à la rousse. Fier de ma facétie, je me marre comme un tordu en regagnant mon bureau.

*

*   *

Le calme plat a régné jusqu'à dix-sept heures, heure de l'appel de Lann-Bihoué annonçant qu'effectivement le Bréguet a survolé le cargo chilien. Celui-ci a changé de cap et modifié sa route au sud-ouest. Puis Luc Pallas qui a remplacé Frédéric Gaubert dans sa surveillance du suspect me joint sur mon portable :

— Il est sorti de chez lui. Je l'ai filé jusqu'au port. Il a déchargé dans son fourgon le matériel qu'il y avait à bord et vient de prendre la mer. Je suis sur le parking.

— Bon boulot, Luc. Tu peux rentrer au poste.

J'entre ensuite en relation avec la vedette de la gendarmerie maritime :

— Le suspect sort du port. Vous l'avez ?

— Oui, répond le major Prenelle depuis la vedette "Elorn" après un temps nécessaire à une quelconque vérification. Il apparaît sur mon radar.

— Ne le perdez pas.

— Pas de risques !

*

* *

L'attente recommence plus stressante encore qu'auparavant. Fournot, Pallas, Gaubert et moi fumons cigarette sur cigarette et buvons café sur café. Nous avons fait emplette de sandwichs et de bières, alors que le commandant Daniel Bernier est rentré chez lui dîner.

J'ai ordre de lui téléphoner, quelle que soit l'heure et de demander sa précieuse présence s'il s'avère que cette nuit est la bonne. Il est plus de vingt-trois heures quand je me précipite sur le téléphone lorsqu'il trouble le silence des bureaux.

— Oui ?

— De major Prenelle à capitaine Moreau... Le cargo vient d'informer le sémaphore de Penmarc'h qu'il s'est dérouté pour jeter l'ancre afin de procéder à quelques menues réparations mécaniques. Pour autant, il restera dans les eaux internationales.

— Je m'en doutais ! Et mon second client ?

— Il semble toujours en pêche et... je crois qu'il a viré. Il abandonne son lieu de pêche. Apparemment, il avance à plein régime. S'il continue ainsi, il croisera la route du cargo.

— Vous en êtes certain ?

— Affirmatif.

— Comment voyez-vous les choses ?

— L'échange, si échange il y a, aura sûrement lieu en dehors de nos eaux territoriales. Nous ne pourrons pas, par conséquent, intervenir.

Prenelle devine mon abattement. Il tente alors de me mettre du baume au cœur.

— Il reste à espérer que le cargo pénètre dans nos eaux. Dans ce cas et dans ce cas seulement, nous pourrons l'arraisonner.

— Vous y croyez ?

— Honnêtement non. Ils savent ce qu'ils encourent s'ils se font prendre et ne commettront pas ce genre d'imprudence.

— Estimation du temps avant la rencontre ?

— Hum... Disons une demi-heure.

— Position du navire ?

— Attendez... 47 degrés, 19 minutes, 249 nord, et 4 degrés, 11 minutes, 376 ouest.

— Bien. Prévenez-moi cinq minutes avant le rendez-vous. Je suggère que vous avalisiez sur votre radar le contact et que vous suiviez notre suspect à son retour au port. Le programme vous plaît ?

— On ne peut mieux ! Vous savez, c'est joli les Glénan, mais on a vite fait le tour de la chambre.

— Bravo pour le jeu de mots, major !

— Je n'ai aucun mérite, il n'est pas de moi.

Je raccroche et compose d'un doigt nerveux le numéro de Lann-Bihoué.

— Où se trouve le Bréguet ?

— Il est en vol. Nous attendons vos ordres pour lui indiquer un changement de cap.

— Dites-lui que la jonction devrait se faire dans une vingtaine de minutes. Qu'il se tienne prêt pour, à mon signal, survoler les bateaux en question et prendre une série de clichés. Je souligne qu'il est important que les suspects croient à un vol de routine. Voici la position…

Pendant ces conversations, Luc Pallas a alerté le commandant Bernier de l'imminence du deal et celui-ci a sauté dans sa voiture pour rallier le commissariat.

Cette décision ne nous enchante pas mais nous n'avions pas moyen de faire autrement. Pour le coup, nous subissons tous une nouvelle montée de stress et, sans exagérer, je suis certain que je frôle le trente voire le trente-cinq de tension.

*

*   *

Le téléphone en position haut-parleur, nous avons tous écouté les indications du major Prenelle et du radio du Bréguet qui, muni de jumelles à infrarouge, a certifié qu'il a effectivement été procédé à un échange. Des photographies ont été prises, elles rendront impossibles d'éventuelles dénégations.

Daniel Bernier ne se sent plus de joie et nous octroie royalement une énième tournée de café. Nous ressentons tous, à l'exception du commandant, une réelle frustration. Malgré la réussite de l'opération, ne pas avoir assisté de visu à l'échange et procédé en temps réel aux arrestations nous frustre. De plus, la rencontre s'étant déroulée en dehors de nos eaux territoriales, le cargo chilien peut poursuivre impunément son chemin. Dès demain, je veillerai à ce qu'il soit immobilisé à Santander et à ce que les membres de l'équipage soient extradés vers la France.

Il s'écoule une éternité avant que la voix du major Prenelle ne divulgue.

— Votre coco vient de virer au Cochon* et va embouquer le chenal. Il est à vous.

— Merci, major. J'espère vous revaloir pareille assistance un de ces jours.

Dans un ensemble parfait, nous attrapons veste ou blouson et dévalons l'escalier.

Un vent froid et chargé d'humidité nous accueille

---

*Roches à l'entrée du port de Concarneau.

à la sortie du commissariat, tandis qu'un léger brouillard enveloppe la ville. Pressés d'en découdre, nous marchons à grandes enjambées en direction du port. J'évolue à la hauteur de Bernier, les trois lieutenants se tenant légèrement en retrait. Ce sont des pros, Pallas, Fournot et Gaubert : sans que l'ordre ne leur soit donné, ils se déploient et se rendent invisibles, qui derrière une voiture, qui à bord d'un caseyeur.

Garée à côté de la cale aux Voleurs, une voiture démarre. Je devine les silhouettes du conducteur et d'un passager et comprends illico la raison de ce départ sur les chapeaux de roues : les remplaçants de Berthou et Lamingue qui se préparaient à prendre possession d'un nouvel arrivage de cassettes et à aller les distribuer à un portefeuille de pervers nous ont aperçus et se défilent tant qu'il en est encore temps. Le Sig-Sauer semble jaillir hors de son étui et m'échoir miraculeusement dans la main. Je me concentre et, la main gauche en soutien de la droite, ajuste mon tir. Pan. Une balle, une seule. Le pneu arrière gauche explose. Alors qu'il était en pleine accélération, le chauffeur perd le contrôle de son véhicule qui réalise une étrange embardée et rentre de plein fouet dans un feu tricolore. Les coudes au corps, je me précipite sur les lieux. Fournot m'a imité et nous y parvenons comme les deux hommes, bien que sonnés par la violence du choc, s'extraient de la bagnole et tentent de s'échapper. L'arme toujours en main, je leur crie de ne pas bouger. Ils se retrouvent balancés contre la voiture, fouillés et menottés en un peu moins de quatre secondes. Ce record mondial toutes catégories confondues les laissant pantois, je juge inutile que nous soyons deux pour les amener au poste. David se charge de cette mission tandis que je retourne rejoindre Bernier au bord du quai. J'ai à peine le temps de le mettre au courant de l'identité des nouveaux protagonistes que le crachotement d'un moteur de bateau se fait entendre par delà les bruits des chariots des dockers. Le commandant et moi-même courons nous cacher derrière un mur. Avec précaution, j'observe le suspect qui se prépare à accoster à la cale aux Voleurs et fouille le quai du regard, à la recherche de ses comparses. Du fait de la marée basse, il ne peut voir la voiture encastrée dans le feu tricolore, radiateur éclaté sous l'impact. Il saute à terre, un bout* à la main, amarre son bateau puis remonte à bord stopper le moteur. Nous n'attendions que ce moment pour intervenir. Pistolet au poing, nous surgissons tous les quatre de nos cachettes et sommes rapidement sur lui. Il n'a pas le temps d'ébaucher le moindre geste qu'il se retrouve plaqué contre la petite cabine de son embarcation. Tandis que Bernier et moi le tenons en respect, Pallas et Gaubert se mettent en chasse. Sur ce bateau de moins

*Cordage.

de huit mètres, il ne leur faut que quelques secondes pour découvrir, sous une bâche et un filet de pêche, plusieurs caisses en plastique. L'absence de couvercle permet d'en apercevoir le contenu, de sorte que je sais tout de suite la partie gagnée. C'est avec un plaisir non dissimulé que j'annonce :

— Claude Segrais, vous êtes en état d'arrestation pour trafic de cassettes pornographiques à caractère pédophile.

Le patron du “Danichlo” plante deux yeux haineux dans les miens. Fait sans précédent depuis de nombreuses années, le commandant Bernier passe lui-même les menottes au suspect. Ce faisant, il m'adresse un sourire torve, signifiant qu'il s'agit là de son prisonnier et qu'il entend garder pour lui seul la gloire de cette mise hors d'état de nuire. Un instant, je songe à le complimenter, mais Bernier comprendrait que ce ne serait qu'ironie de ma part. S'il savait comme je m'en moque de ce qu'il considère être une réussite ! Je m'en moque encore plus depuis quelques heures, depuis que l'échange s'est déroulé en dehors des eaux territoriales. Que Daniel Bernier s'attribue le succès de cette enquête s'il le souhaite ! Après tout, il était des nôtres lors de l'intervention chez Chauveau. Pour ma part, j'estime avoir partiellement échoué : le cargo a pris le large, il fallait s'y attendre, et Juan Manuel Parda ne sera jamais inquiété. Tout au plus, obtiendrons-nous les aveux du commandant du navire, à condition qu'il soit extradé, mais la vraie tête pensante, le réel organisateur et chef de ce réseau de la honte, Parda, ne devra pas se soumettre à la justice. Pour moi, ce constat est bien plus difficile à digérer que l'abus de pouvoir de Bernier quant à l'épilogue de cette affaire. Prenant son prisonnier par le bras, le commandant somme Luc Pallas de les escorter jusqu'au commissariat pendant que Gaubert et moi récupérons les caisses de cassettes. Comme deux dociles manutentionnaires nous nous exécutons et les posons sur la cale. Alors que Fred se prépare à enjamber la lice pour sauter à terre, je le stoppe dans son geste et demande :

— Si je ne me trompe pas, tu es le seul à ne pas avoir clos d'enquête récemment. Ça te dirait, toi aussi, de connaître ton heure de gloire ?

— De quoi tu parles ?

— C'est pourtant clair : depuis peu, tout un chacun a eu l'occasion de briller et de tirer à lui les couvertures.

— Grâce à toi ! Tu sais aussi bien que moi que c'est toi et toi seul qui as résolu toutes ces affaires.

— Si on veut, mais là n'est pas le problème.

— Ce n'est pas un problème, non ! Surtout pour tes collègues ! Tu fais le boulot et il n'y a plus qu'à tirer les marrons du feu et à recevoir la prime de ce cher Sarkozy. Pour être franc, j'en ai parlé avec les autres : ta conduite nous sidère.

— Bah... Un jour, peut-être, vous comprendrez... Laisse-moi vérifier un truc, veux-tu ?

Je farfouille sur le pont du bateau, énigmatique, et finis par découvrir ce que je cherchais. Car je savais ce que je cherchais mais n'étais pas certain de le trouver. Pour être franc, je redoutais de ne pas le découvrir. Aussi, à sa vue, je m'écrie d'une voix joyeuse :

— Viens voir, Fred !

Ouvrant un sachet plastique que j'ai pris soin d'apporter et utilisant deux doigts en guise de pincette, j'y glisse un croc d'une soixantaine de centimètres.

— Tiens, mon pote. Je te parie que ce croc est l'arme qui a blessé Marc Pagel par deux fois. Valmont, le légiste, t'en parlera mieux que moi. Il ne te reste qu'à valider cette info et à obtenir les aveux de Segrais pour avoir, toi aussi, ton heure de gloire. Félicitations, Fred !

Avant qu'il ne prenne délicatement le sachet, j'ajoute :

— Attends que le commandant en ait terminé avec Segrais, sinon il serait capable de s'octroyer la réussite de cette enquête :

XVI

Cette enquête, aux multiples ramifications, est une épreuve dont je ne sors pas indemne. Certes, j'en ai vu d'autres et garde en mémoire ma première affaire d'homicide, puis une délicate infiltration dans l'univers des drogués et une dizaine d'autres enquêtes aussi peu ragoûtantes. Mais là, on a touché à un gosse, et cela je ne peux le supporter. L'affaire est maintenant entre les mains de la justice, mais cette victoire n'est pas totale. Certes, nous avons extirpé un petit garçon de l'enfer, mais combien subissent ou vont subir la perversion d'adultes détraqués ? Tout mon être crie sa haine à cette société qui marche sur la tête. Je réclame vengeance à hauteur du préjudice.

Lorsque, le lendemain matin de l'arrestation du patron du "Danichlo", je reçois Pierre-Édouard de Vitreux de Barnac dans mon bureau, lors de sa quotidienne visite dans les locaux de la police, je lui narre la totalité de l'histoire. Je lui explique m'être souvenu d'un détail lâché par Lamingue au cours de l'un de ses interrogatoires, à savoir la présence d'un gêneur, la fameuse nuit de l'arrivée en France de Javier. En effet, depuis le “Corentin”, un homme s’était manifesté lorsque le petit garçon avait tenté de s’enfuir. Vite, Berthou et Lamingue l’avaient rattrapé, étaient montés en voiture et avaient filé. Il n’était pas difficile d’imaginer la réaction de Segrais et la seule alternative possible : faire taire ce témoin. Silencieusement, selon les propres aveux du marin, il avait empoigné le croc qui lui servait pour amener ses caisses de poisson du bateau jusqu’au fourgon, lorsqu’il allait les mettre sous criée, et s’était mis à l’eau. Il avait nagé jusqu’au bas de l’échelle aux barreaux rouillés fixée dans la maçonnerie du quai et était monté. Marc Pagel avait vu le petit garçon et allait donner l’éveil. Mais, dans son cerveau embrumé de sommeil et de restes conséquents d’alcool, il semblait décidé à réveiller son ami plutôt que de courir au commissariat pourtant proche. Cela avait fait l’affaire du marin qui, toujours sur son échelle, avait attendu que sa victime soit suffisamment proche pour escalader les derniers barreaux. Lorsque cela avait été le cas, Claude Segrais avait fait preuve de vélocité, mais Pagel était parvenu à se retourner pour fuir. Voyant cela, le marin, qui n’était pas encore sur le quai, avait porté un coup de croc qui avait atteint Pagel au mollet et l’avait empêché de déguerpir. Sous la douleur, celui-ci s’était écroulé et le marin lui avait asséné alors un second coup dans le dos avant de le faire rouler sur le dos et de l’étrangler. La suite, on la connaissait.

Pierre-Édouard, des trémolos dans la voix, me remercie. Avant de me quitter à regret, il m'assure de son éternelle gratitude. Il n'a pas fait trois pas dans le couloir quand il rencontre David Fournot. Ils discutent un moment puis le baron revient me voir. David lui a raconté que j'avais fait en sorte que mes collègues s'octroient le succès de ces investigations et Pierre-Édouard souhaite que je lui explique mon attitude. N'en ayant pas le choix, je ne peux que lui en exposer la raison. Je prends cependant le temps de refermer la porte de mon bureau. Le baron m'écoute en silence, me contemple serait plus exact, avant de dire, lorsque je conclus :

— Je veux participer. Financièrement, bien sûr ! En souvenir de Marc.

*

* *

Quinze jours plus tard, je suis assis côté hublot dans l'avion qui me mènera à Paris, avant de prendre un autre vol à destination de Santiago du Chili. Murielle et Pierre-Édouard m'ont accompagné à l'aéroport de Pluguffan et je devine leurs silhouettes derrière la grande surface vitrée. Le baron a énormément insisté pour être du voyage, mais j'ai refusé tout net. Contrit, Pierre-Édouard s'est acquitté du montant de mon billet. Je n'avais pas intérêt à le contrarier car il jurait de tout divulguer en cas de refus.

Officiellement, le capitaine Maxime Moreau part en vacances et je profite de cette escapade à l'autre bout du monde pour épuiser mes congés de l'année précédente. En fait, j'ai planifié mon départ et tout organisé pour le cas où je ne reviendrais pas. Ainsi, je lègue à Murielle mon appartement, ma 306 et quelques babioles. Un acte notarié précise que mon avoir bancaire reviendra de droit à Javier à compter du jour de sa majorité.

Selon mon ami Carlos Gymenez, Juan Manuel Parda n'est pas facile à approcher. Une armée de gardes du corps le protège nuit et jour, le suivant dans chacun de ses déplacements. Carlos m'a promis une aide matérielle sur place qui pourrait aller du pistolet au pain de plastic en passant par les grenades. Fort de cette assistance, il me revient l'honneur, le mot est juste, d'éliminer cette ordure de la surface de la terre. Ou de mourir sous les balles de ses gorilles.

FIN